数字化生活新趋势

游戏化营销

用游戏化思维做营销

胡华成◎著

電子工業出版社
Publishing House of Electronics Industry
北京 • BEIJING

前　言

营销的本质就是挖掘消费者的深层需求，然后通过包装设计等手段对产品进行宣传、销售。人们每天都会接触到不同的新鲜事物，在这种日新月异的环境下，依靠传统的营销手段已经很难维持企业现有的市场份额，因此改变营销模式迫在眉睫。

本书内容是通过游戏化的方式来改变营销模式，游戏化营销的最大特点就是永不落伍。游戏化并非只是单纯设计一些游戏来娱乐消费者，其真正的目的是要让消费者被有趣的内容吸引，在游戏化的营销活动中对产品产生兴趣，从而进行消费。

进入 21 世纪，人们的生活水平逐渐提升，家中的电视机从黑白变成了彩色液晶，手机系统也从塞班换成了安卓。产品通过不断革新的方式来吸引消费者，营销方式亦是如此。人们在不同的时间段产生的需求也是不同的，但是无论人们的需求如何变化，“需求”都一直存在。

2018 年，最新人口普查结果显示我国居民已超过 14 亿，而游戏用户达到 6.07 亿，约占全国人口总数的 3/7，并且近几年的游戏用户数量依旧呈增长趋势。那么游戏究竟以何种魅力吸引、“俘获”用户，从而受到几亿人的追捧呢？

本书选取了大量风靡一时的游戏，有些甚至已经成为经典之作，至今依然深受人们的喜爱。游戏类型有多种，如策略游戏、角色扮演游戏、竞速游戏、休闲游戏等，这些游戏类型经久不衰，能够满足各个年龄层的娱乐需求。而且随着时代的进步，游戏类型在不断增加，体验感也越来越丰富，游戏的娱乐性更强了。

本书将针对各个案例中的具体游戏，从游戏的玩法、模式和系统等多个角度讲述游戏化营销的运营“套路”。游戏化营销将单纯的游戏娱乐和对消费者具有引导作用的应用结合起来，给消费者以丰富的体验，最终达到让消费者反复购买产品和服务的目的。

本书主要由游戏与商业的连接、游戏化营销设计框架及游戏化营销经典案例分享三个部分组成，针对各种游戏进行分析，通过设计者或者玩家的角度，向读者详细展示游戏是如何抓住用户心理的。然后根据用户心理，提炼出游戏中存在的激励元素，对案例进行深度解析。

本书中的案例主要涉及两个方面：一是与游戏进行跨界合作的营销案例，二是使用了游戏化营销的案例。

通过跨界合作的营销案例，读者可以从相关统计数据中发现游戏对消费者产生巨大吸引力的原因。在这种吸引力下，游戏的成功融入为合作双方带来了销售额的增长。本书对各个案例做针对性分析，主要包括游戏与产品之间的相互作用，以及这种相互作用会带来的影响，然后对分析得到的结果进行概括性总结，将案例中的营销手法升华为适用于大部分产品的游戏化手段。

关于游戏化营销的案例，本书会对其进行全面剖析，找出案例中的游戏化营销方式吸引用户的原因，并对这一原因加以分析，以便进一步阐述案例中的游戏激励元素是如何影响营销效果的。

用游戏化的思维做营销，可以让营销潜移默化地渗透到消费者的日常生活中，让消费者的消费行为由外部动机转化为内部动机，有助于企业树立良好的品牌形象，也有利于企业实现更多的销售额增长。

目　录

上篇　游戏与商业的连接

中篇　游戏化营销设计框架

上篇

游戏与商业的连接

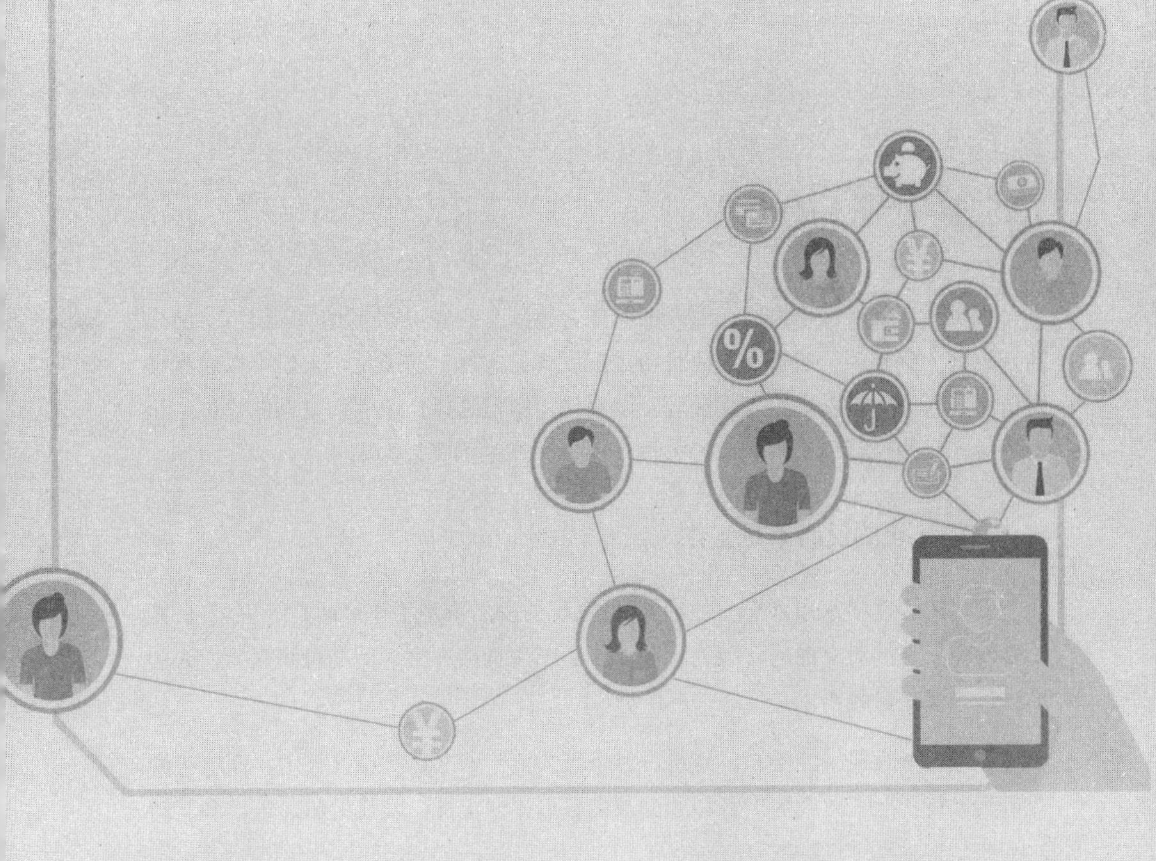

第1章

游戏化营销为什么被引爆

游戏化营销的本质是通过游戏中的激励元素刺激人们，并逐渐将外部刺激转换为内部需求，从而让消费者沉浸在营销活动之中。那么在营销中穿插游戏的好处是什么呢？人们为什么会偏爱游戏化营销？本章将会通过案例来进行具体分析。

1.1 游戏是人的天性

爱玩是人的天性，人们在游戏的时候会感到身心愉悦，会暂时忘记自身的烦恼，达到全身心放空的状态，而且通过沉浸式的心理上的满足，人们可以达到缓解情绪的目的。所以，人人都爱玩。游戏化营销正是抓住了人们爱玩的天性，让消费者在玩的过程中了解产品、关注产品，并产生购买行为。

1.1.1 玩的反面不是工作

著名的心理学家布莱恩·苏顿曾说：“玩的反面不是工作，而是绝望。”玩并不是站在工作的对立面的，因为玩和工作不产生直接冲突。玩是自我娱乐，人们通过玩来满足自我需求。

如今，游戏成了继绘画、建筑、音乐等八大艺术之后的第九艺术。而电子游戏最为独特，电子游戏的声音和画面都由数据提供支持，以强大的娱乐性和互动性俘获了无数人的芳心。

互动能够满足人们的情感需求，有利于人们体会到自我存在的价值。与游戏人物频繁地互动的环节可以有效满足人们的情感需求，所以玩乐对于人们来说并非是不务正业的表现。

曾经的北大双雄之一，如今 Waterloo 的 Stat 教授王若度就是一个游戏爱好者。高中的时候，王若度以 dpr 的 ID 账号，在《星际争霸》游戏中崭露头角，星际玩家们称其为“天枪”。王若度还曾自建 cvb 战队并担任队长。在 cvb 战队中，王若度收了一个关门弟子，也就是后来有着“中国第一虫族选手”之称的 ID 名为 wyw 的王恩平。

高三那年王若度闭关学习，淡出游戏，一年后王若度考上了北京大学。在大学里，王若度恢复了休闲时打游戏的习惯，并在 2006 年获得了 WCG（世界电子竞技大赛）北京赛区的冠军，之后王若度甚至在 CEG（全国电子竞技运动会）中打职业赛。大四那年王若度再次闭关，出关后以第一名的优异成绩考上了数学系研究生。王若度后来去美国攻读博士，那时《星际争霸 2》上市了，王若度以 masterasia 的 ID 名在北美的“星际争霸”圈打得风生水起，并且发布了很多比赛视频。

不仅是王若度，很多成功人士都有各自精通的“游戏”。比如实力派演员陈道明就是一个围棋高手，在影视剧《冬至》里，主角陈一平就是一个经常下围棋的人，陈道明扮演的陈一平在下棋的时候，一个落子的动作都透露出大家风范，这样娴熟的动作不是一朝一夕可以练成的。巨人网络集团的董事长史玉柱也是一名资深的游戏爱好者，他和他的团队开发过《征途》《光荣使命》等知名游戏。

人们对于“游戏”的偏爱与追求从未停止过，而对于“营销”，人们的态度则截然相反。因为这些“营销”的活动主题是“消费”，当人们进入到一个营销活动中时，最大的感受就是一直被推销、被强迫消费，无法享受到娱乐性，体验感不佳。

正是因为有过这样的经历，所以人们很少会主动参与到一个营销活动当中。但是通过游戏与营销相结合的模式，营销活动就可以借助游戏的特性，用游戏化的方式轻松吸引人们的注意力，从而让人们参与到营销活动当中，在营销活动中体验到游戏的快乐。

1.1.2 游戏并非单纯的玩乐

人们在玩游戏的时候并非在单纯地玩乐。玩游戏不仅可以带给玩家快乐，更重要的是能够满足玩家的某些需求，譬如成就感、自豪感、社交需求等。玩游戏的具体原因如图 1-1 所示。

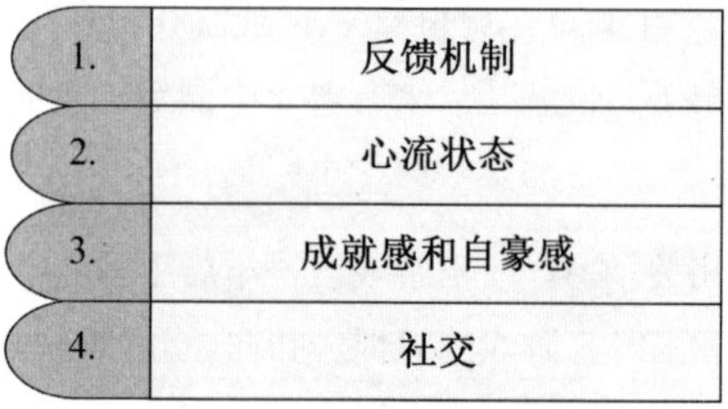

图 1–1 玩游戏的具体原因

1. 反馈机制

反馈机制分为正反馈和负反馈。正反馈是受控部分发出的反馈信息与控制信息一致，可以促进或加强相关活动；负反馈则具有相反作用，它会使系统趋于稳定。

在游戏中，玩家的举动都会得到反馈。玩家在完成任务后就会获得经验和金币作为奖励，从而促使玩家继续进行任务，这就是正反馈；若玩家点击游戏人物没有得到任何反应，那么玩家的游戏参与感就会逐渐消失，这就是负反馈。

人们只有在获得正反馈的情况下才会产生继续游戏的动力，而负反馈则会打消人们的积极性。所以，正反馈是一种激励，游戏设计者在设计游戏时会用正反馈机制来引导玩家，当玩家熟悉了游戏之后会主动寻求正反馈，这样就形成了一个良性循环。

2. 心流状态

心流一词出自心理学，是指人们在专注进行某种行为时所表现出的心理状态。当人们达到这个状态时，就会不希望被人打断正在进行的行为，同时也会产生一种兴奋、充实的感觉。

人们在玩游戏的时候很容易就会进入心流状态。游戏中的任务不会过难，过难则会让玩家感到焦虑、烦躁，同时游戏中的任务也不会过于简单，过于简单则会让玩家感到无聊，从而失去兴趣。游戏具备多种玩法，例如 pvp（玩家之间的对抗）、pve（玩家与环境之间的对抗）和休闲玩法，这三种玩法的难度有高有低，既不会打击玩家的积极性也不会让玩家感到过于无聊。

玩家进入心流状态之后就会很容易在游戏中变得兴奋，各种各样的活动任务也会让玩家觉得十分充实。

3. 成就感和自豪感

成就感和自豪感是玩家在游戏中获得的最重要的东西之一。比如玩家在完成某个特殊任务后就可以获得一个成就，而且这个成就会被显示在游戏界面中最显眼的位置，并搭配上特殊的音效，甚至会在世界上公告等，这些都可以让玩家获得巨大的成就感和自豪感。

4. 社交

在虚拟世界中，玩家的交往互动很纯粹，他们聚集在一起共同进行某项任务或活动。2017 年，《欢乐狼人杀》游戏在苹果 APP 中的下载排名迅速跃至第 3 名，成为继 QQ、微信之后的第三大社交软件。这款软件具有极其强大的游戏社交功能，玩家们在游戏中分饰不同或相同的角色，用智力进行博弈。玩一局"欢乐狼人杀"只需要四分钟的时间，这种快节奏的游戏深受年轻玩家的欢迎，在这样的社交游戏中，玩家可以和其他许多资深玩家共同进行游戏。

人们在游戏的时候并非在单纯玩乐，玩乐只是一方面，获得成就感和充实感也很重要。这些感受十分容易在游戏中获得，因为游戏就是基于用户的感受被开发出来的。

1.1.3　奥巴马：在游戏中植入竞选广告

美国前总统奥巴马在 2007 年宣布将在 2008 年竞选美国总统。美国的总统竞选活动每四年举行一次，且选举过程十分漫长，每一位总统候选人都要经过全国选民投票。在这个阶段，总统候选人会到全国各地进行宣讲、拉票活动。

2008 年，奥巴马除了和其他候选人一样到各地进行宣讲之外，他还把竞选广告植入到了《极品飞车：卡本峡谷》上。奥巴马是第一个在游戏中投放竞选广告的候选人，他的这一举动也吸引了很多游戏玩家的注意。奥巴马除了在《极品飞车》中植入广告外，还在《战舰》《火爆狂飙天堂》等18款热门游戏中进行广告植入。

2012年，奥巴马再次参加总统竞选。这一次奥巴马在《劲爆NFL橄榄球13》中植入了广告。橄榄球是最受美国人欢迎的运动项目，而关于橄榄球运动的体育竞技类游戏《劲爆NFL橄榄球13》上市一周销量就达到了165万，同时在线人数高达140万。这样巨大的广告效应让奥巴马再一次竞选成功。

奥巴马选取游戏植入广告是有一定依据的。奥巴马首次竞选时植入竞选广告的18款游戏中很多都是运动类游戏，这类游戏主要面向18～34岁的青年，而这一年龄段的人群通常是竞选活动很难接触到的。

奥巴马把在游戏中植入广告的优势发挥得淋漓尽致。玩家或许没有听过奥巴马的宣讲，也没有看过奥巴马的演讲视频，但是在游戏中，当赛车经过一块广告牌时，当进球之后看见广告板时，玩家都会看到奥巴马竞选的大幅广告。这样没有刻意凸显的广告给玩家留下了深刻的印象，在游戏中植入竞选广告在无形中拉近了奥巴马与玩家的心理距离。

总统竞选活动主要是在美国的10个州进行宣传演讲，拉选民投票，奥巴马为了扩大票源，另辟蹊径，把目光放在了竞选活动没有接触到的游戏人群当中。

据透露，奥巴马花费了4.45万美元买到了《火爆狂飙天堂》竞速游戏中的广告牌位，而2008年奥巴马花费在竞选上的费用高达7.29亿美元，相比之下在游戏中植入广告可以用更少的经费获得更多的票数。2012年，奥巴马竞选连任所花的费用为7.2亿美元，其中有5.4亿美元来自个人捐款，如此巨大的捐款数额足以体现奥巴马在竞选者中的人气之旺盛。

植入竞选广告的目的是为了获得更多的票数。奥巴马针对票源进行了分析，发现了那些竞选活动难以接触到的游戏群体，然后大胆尝试在游戏中植入竞选广告，这也符合奥巴马“changing”的改革理念，以小搏大，最终赢得了群众的信赖。

1.2 营销广告要有爱、有温度

最能打动人心的营销广告，不在于拍摄和宣传花费的成本有多少，而在于广告是否有爱、有温度，是否能够让人们在观看之后产生共鸣。使用户产生共鸣是一个最直接也最有效的获得忠实用户的途径。

1.2.1 营销不是单纯的“卖货”

很多人对营销产生了一种误解，认为营销就是在“卖东西”。其实营销并不只是“卖东西”这么简单，它需要重点研究消费者需求。从广义上讲，营销即市场营销，是企业发现或者挖掘消费者需求，然后根据这些需求进行产品推广，最后达成销售目标的过程。消费者有购买需求才是企业进行营销的前提和关键，企业应了解消费者的需求痛点，因为市场已经从最初的卖方市场转变成了买方市场，只有抓住消费者的消费需求、直击需求痛点，才能完成营销任务，企业才能在市场中占据一席之地。

例如 2014 年，华为第三代旗舰 Mate7 上市。上市后的第一个月，其日销量就达到了 1.2 万台，Mate7 呈现供不应求的状态。华为 Mate1 和 Mate2 的价格在 2600 元～2900 元，而 Mate7 则是以 3699 元的价格上市，因为供不应求，其价格一度被炒到 4000 元，却仍然一机难求。

华为在进行相关调查后发现，用户的喜好开始偏向大屏幕手机，而大屏幕手机的耗电量非常大。于是华为针对耗电问题进行了研究和改善，于 2013 年推出以大屏幕、超长待机为特色的 Mate 系列。尽管 Mate1 的销量达到了 60 万部，但是还不足以达到华为的预期目标。Mate1 为华为积攒了好口碑，人们对于大屏幕、超长待机的智能手机十分喜爱和期待。

Mate1 上市后不久，通信 4G 时代就来临了。随后而至的 Mate2 作为一个过渡期产品，总体销量惨淡。

华为总结了 Mate1 和 Mate2 存在的问题，对即将推出的 Mate7 做了修改。Mate 系列最大的特点就是大屏幕和超长待机时间，而 Mate7 也要将这两个特点延续下去。

华为对使用 Mate1 和 Mate2 的用户进行了调查，发现使用这两代 Mate 的用户以商务人士居多。与普通用户相比，商务人士对于手机的安全性具有更高的要求，比如会给手机设置密码。但是设置密码之后解锁变得十分麻烦，因为每次用手机时都需要输入密码，于是 Mate7 在安全性上做出了一个创新性的探索——指纹解锁。

华为在为手机安装指纹解锁时也做了相关调查，比如用户平均每天要打开手机 600 次，开机操作十分频繁。因此华为既要保证指纹解锁的稳定性，同时为了防止出现手机损坏导致不能开机的风险，也要保证指纹解锁具备一定的可靠性。除此之外，Mate7 的指纹解锁被设置在了手机背面，这使用户解锁更加便捷，如图 1-2 所示。

图 1–2　Mate7 背部指纹解锁

Mate7 以超大屏幕、超长待机、安全性强的高姿态进入 4G 智能手机市场，其各项性能在同类商务机中均属一流，于是迅速占据了智能手机市场的半壁江山。

华为官方曾表示："没有想到 Mate7 会如此受欢迎，以至于后期产量不足。"华为 Mate7 的成功之处就在于华为明确了 Mate 系列的用户群体，认真研究了商业人士这类消费者的需求，为其解决了安全性这一需求痛点。据华为的调查显示，商务人士对于手机的要求就是耐用、外观时尚、安全性高，而 Mate 系列的超大屏幕和超长待机的性能完美地满足了前两个要求，于是华为主要针对安全性做了一定的优化，研发出的指纹解锁既安全又省时，投放到市场之后果然大受欢迎。

华为抓住了消费者的需求痛点，对这些痛点进行改进之后自然就得到了消费者的认可，从而使自己的营销工作进展得如火如荼。可见，营销并不只是“卖东西”这么简单，而是先要解决消费者的需求痛点，才能顺利开展营销工作。

1.2.2　营销广告要增进产品情感化

使营销广告获得消费者认同的最快速的方法就是让广告表现的内容与消费者产生共鸣。共鸣即产品的理念与消费者的理念相似，消费者能够在观看广告之后受到感染。共鸣可以加深消费者对产品或企业的认知，能够快速获得消费者的好感。让营销广告与消费者产生共鸣的方法就是增进产品情感化，这通常包括三个方面，分别为情绪层面、行为层面和感知层面，如图 1-3 所示。

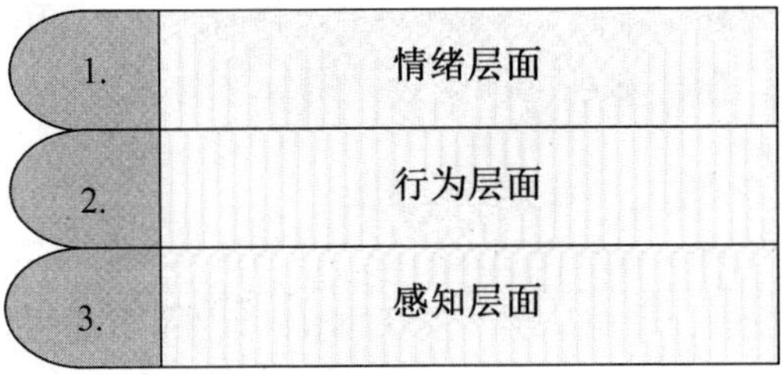

图 1-3　情感化的三个方面

1. 情绪层面

情绪层面指用户在使用产品时能够感到愉悦，或者缓解痛点。例如当人们打开某一个网页时，页面一直显示“Loading”，这就会让用户感到十分烦躁。“Loading”代表着一种不确定性，不确定是加载完成还是加载失败，所以“Loading”会使用户感到焦虑。但是如果把“Loading”加载标志变成进度条的形式，就会大大减轻用户的焦虑程度。因为进度条的长度是有限的，尽管加载会需要一定的时间，但是用户可以看到具体的加载进度，减少了不确定性，焦虑程度也会大大减轻。

同时也可以美化进度条，增加新闻或娱乐版块，防止用户在等待的过程中感到无聊。譬如手机游戏《捕鱼大亨》的进度条就被设计成了鱼雷的样式，并且在进度条上面增设了一个介绍版块，玩家在等待进入游戏的时候就可以浏览游戏的更新消息或者新闻。

2. 行为层面

行为层面是指将产品拟人化，让产品和人一样具有情绪。比如暴雪公司的404页面就把产品和报错提醒完美地融合在了一起，暴雪官方界面上碎掉的屏幕以及“Grats. You broke it”字样让玩家忍俊不禁。这样的设计把原本单调的404页面变得有趣，当页面发生报错的时候，玩家的烦躁感就被有趣的报错设计冲淡了。

3. 感知层面

感知层面是指唤起人们的回忆。比如每逢节假日，Google的主页面搜索栏都会出现相应的节日主题。当人们打开Google时就会看到节日主题，记起这个节日。

QQ游戏在2013年策划了一个十年品牌站的活动。在活动页面上，QQ游戏官方向玩家提出了“还记得很多年前……”这样的问题，让用户回想起第一次玩QQ游戏时的感受，用经典的QQ游戏及玩家经常登录的游戏来唤起玩家的回忆。

增进产品情感化可以有效提高人们对产品的认知和认可度，能够调节用户的情绪。网页主题的变换会让用户感到浓厚的节日氛围，有趣的logo标志也可以使用户产生愉悦的心情。因此，增进产品情感化能够有效帮助企业的营销广告在同等类型的广告中脱颖而出，让消费者印象更加深刻，也能促进营销工作的顺利进行。

1.2.3 价值观离不开“真、善、美”

真善美即真诚、善良、美好。企业用真善美的态度对待消费者，就容易得到消费者的认可。

2016年春节，百事公司用一个6分钟视频打响了新年营销的第一炮，这个视频名为《把乐带回家之猴王世家》。说起“猴王”，大多数人都会第一时间想到六小龄童扮演的孙悟空，这个视频讲述的就是章家四代人的“猴王”故事。百事可乐猴年特装如图 1-4 所示。

在视频中，六小龄童说道：“苦练七十二变，才能笑对八十一难，演戏如此，人生亦然。”百事可乐将中国名著中的经典人物融入品牌中，“将快乐带给更多的人”的营销理念得到了全国人民的好评。百事可乐借“猴王”艰难的诞生历程影射出自身 20 多年的不懈努力，让人们感受到了百事可乐的坚持和真诚。

图 1–4　百事可乐猴年特装

2011 年，阿里巴巴开始采用“下沉式渠道”的营销策略，将天猫变成国际化的购物平台之后，把淘宝“下沉”到了农村，这就是“农村淘宝”项目。农村淘宝的特别之处在于农民可以利用淘宝来销售农作物，而且使用非常便捷。比如农作物成熟了，农民只需要打电话给农村淘宝店的店主，就会有专门的人员来为作物拍照，与农民商议好价格后就可以在淘宝上进行售卖了。

在江苏省白驹镇朱舍村有位老人有一双 48 码的大脚，平时很难买到合适的鞋子。“农村淘宝”项目开始之后，老人找到了淘宝店店主，说希望买到一双合适的鞋子，淘宝店店主很快就为其找到了合适的产品。

2017 年，农村淘宝与淘宝、天猫实现了系统相通、商品相通和服务相通，让更多的优质产品“下沉”到农村市场，让人们都能体验到科技进步带来的便利。

纳爱斯是洗涤行业的龙头企业之一，纳爱斯指“美好”“nice”，寓意纳爱斯集团希望把美好的产品提供给消费者。雕牌是纳爱斯集团下的一个洗涤品牌，其最著名的广告就是《妈妈，我能帮你洗衣服了》。这则广告的设计没有从寻常的产品角度出发，而是对日常生活进行了渲染：一个孩子看到妈妈工作很辛苦后，主动帮妈妈洗衣服。这样的一件生活中的小事却能够打动亿万人的心。

这条广告播出之后，雕牌洗衣粉的销量跃居全行业第二名。除了广告外，雕牌洗衣粉也在不断被改良。2003 年，纳爱斯推出雕牌天然皂粉，天然皂粉主打不含磷，对皮肤刺激性小，环保健康也是人们选择雕牌洗衣粉的原因之一。

具有“真善美”价值观的正能量广告直接体现出了企业的价值观，播放广告是传递企业价值观的有效途径之一，有利于树立良好的品牌形象，更容易获得消费者的认可和喜爱。

1.2.4 约翰·路易斯：“月球上的老人”主题活动

约翰·路易斯是英国最大的高档百货商店。在2015年圣诞节前的一个月，约翰·路易斯在视频网站YouTube上发布了其最新的圣诞广告《月球上的老人》。这条广告在20小时内的观看量超过了500万，虽然距离圣诞节还有一个多月的时间，但是这条广告让人们感受到了爱与温暖，使人们提前沉浸在节日的氛围当中。

从2007年开始，约翰·路易斯每年都会在圣诞节前制作一个圣诞主题的广告。因为约翰·路易斯的圣诞广告极具创意，不仅具备高制作水准，内容情节也十分感人，成为最受英国群众期待的圣诞广告之一。

《月球上的老人》讲述的是一名6岁的小女孩在用望远镜观察月亮时，看到月亮上有一位孤独的老人，于是她想尽办法去联系那位老人。小女孩在圣诞节那天得到了妈妈送来的礼物——一台新望远镜，于是她把礼物放在彩色气球的篮子中，送给了老人，老人用篮子中的望远镜看到了地球上的小女孩在冲他招手。这支广告的主题曲是摇滚乐队Oasis的《Half the World Away》，歌词与剧情遥相呼应，人们仿佛被带进故事当中，深受感动。

广告最后，女孩与老人通过望远镜看到了对方，这温情的一幕打动了很多人。圣诞节是西方的传统节日，在这一天家人会团聚在一起，约翰·路易斯的这支圣诞广告寓意“尽管你身在远方，爱你的人也在关注着你”这一节日主题。

如此暖心的广告赢得了人们的喜爱，很多顾客甚至在约翰·路易斯商店中购买了小女孩同款望远镜。当被询问是否有老人同款望远镜时，约翰·路易斯商店表示：“老人那款望远镜50年前有卖，但是现在已经断货了。”

《月球上的老人》这支广告的拍摄共花费了100万英镑，完成时间是在8月，视频中的雪均为人工雪，视频中的各种特效是由著名的华纳兄弟团队完成的。

约翰·路易斯一直秉持制作优质广告的理念，这让它在百货行业中占据了重要位置。

除此之外，约翰·路易斯的广告十分喜爱用孩子或动物作为故事的主角，例如《男孩与企鹅》《熊和兔子》等。约翰·路易斯用最简单的事物、从最纯真的角度向人们展示最原始的情感。

在圣诞节来临之际，如此暖心的广告不但会增加圣诞节的节日氛围，而且非常容易引起人们的共鸣，人们对于广告的认可可以美化企业或品牌在人们心中的形象。

1.2.5　滴滴“吸血加班楼”游戏营销揭秘

滴滴专车曾策划了一个 H5 页面营销活动，人们纷纷在微信朋友圈转载。这个活动主题是“北上广深票选 PK 吸血加班楼”，如图 1-5～图 1-8 所示。

图 1–5　滴滴专车活动主题

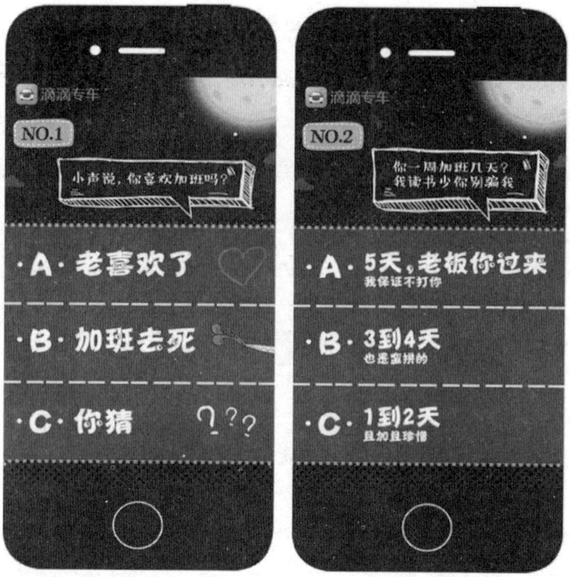

图 1–6　滴滴专车互动游戏之一

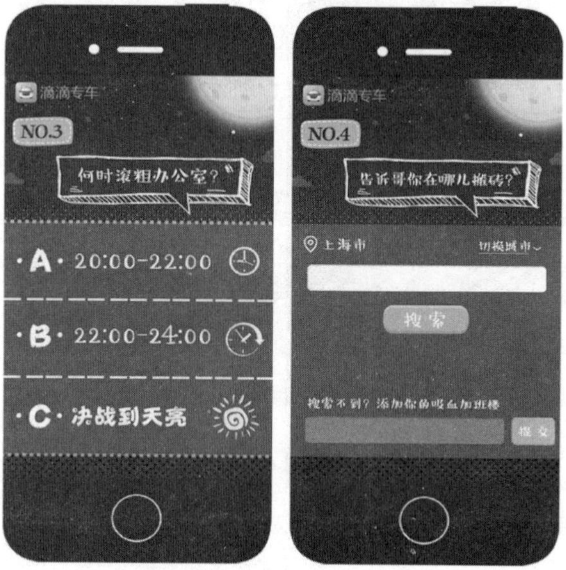

图 1–7　滴滴专车互动游戏之二

图 1-8　“加班大楼实时榜”

滴滴专车游戏化营销活动的流程与规则如下。

（1）活动流程：点击进入 H5 页面→定位自己的办公地点→回答 4 道选择题。

（2）活动规则：加班大楼排行榜前 100 位的办公楼投票用户，即有机会获得滴滴赠送的总价值 225 元的专车抵用券。

这是一个经典的游戏化营销案例，这次营销活动直击在北上广深工作的年轻人的痛点。

虽然北上广深拥有丰富的政治、经济、文化、教育等优质资源，但是年轻人的竞争压力极大，大多数年轻人为了在北上广深生存下去，不得不透支自己的体力去加班。加班至深夜对他们来说是常态，有些人甚至每天只睡 4 个小时，这是北上广深工作者的痛点，滴滴专车策划的这次游戏活动直击“加班狗”的内心。

滴滴专车直击这一痛点，引起了“加班狗”的共鸣，从而使滴滴专车仅仅依靠服务号推送活动就在 48 小时内获得 160 万次的点击量，独立访问量超过 60 万，投票超过 40 万。而活动要求每人仅能投一次票，这就意味着滴滴专车获得了 40 多万的潜在消费者，收获巨大。

成功的游戏化营销方案并不需要过多的后期维护，完全是依靠大众自发的转载传播。

大众传播的效果和力度胜过多数联动推广方式，具有很强的引领性。

滴滴专车本次游戏化营销活动的传播方式依次为：服务号传播——第一批消费者传播——媒体、厂商、各路大 V（知名微博博主）跟进传播。这次的活动不仅增加了滴滴专车的订单量，也大大提升了滴滴品牌的知名度。不仅让“加班狗”在打车时得到优惠，也让滴滴获得了大量的媒体关注。

我们从 KPI（关键绩效指标）的角度对这个案例进行指标总结：

（1）参与人数众多。

（2）订单得到增长。

（3）品牌知名度得到提升。

滴滴专车在策划本次游戏化营销活动之前，做了大量的准备工作。例如对消费者进行调研，用大数据的手段进行数据分析，从心理学的角度挖掘用户的心理问题，从社会学的角度分析“大城市病”等。所以，这次活动注定参与面广，又能与目标群体产生心理共鸣，还有强有力的执行团队在背后运营，这场营销活动可以说是滴滴专车的一个经典策划。

1.3 广告给予不了的，游戏可以

单纯的广告表现形式很难有效刺激用户产生消费需求，如果把游戏元素融入营销当中，利用游戏中的激励元素使用户沉浸在营销活动当中，那么就既能吸引用户，又能起到宣传、促销的效果。

1.3.1 激发客户获得“良性刺激”

2014 年，新浪针对严重的雾霾推出了“公益绿跑”活动。雾霾是灾害性天气，地区排放过量的细颗粒物导致 PM2.5 大量积聚，从而产生雾霾。雾霾会危害人体的呼吸系统、心血管系统。新浪推出的“公益绿跑”活动得到了广大群众的热烈响应，随后新浪移动门户与北京马拉松组委会和央视联合推出“公益绿跑”训练营活动。

公益和创意相结合，引来了许多人的关注，在训练营中北京马拉松组委会会指导参赛选手相关跑步技巧，在发展马拉松公益跑步的同时，让人们注重身体的健康，明白环保的重要性。在这次公益活动中，音乐制作人闻震和歌手许飞也参与进来，两人作为明星领队，分别带领各自的队员进行马拉松比赛，用时最短的队伍将获得比赛胜利。

此次“公益绿跑”全程共 5 公里，除了马拉松之外，还有很多娱乐游戏环节，如踢毽子、跳绳等。“公益绿跑”让人们接触自然，通过儿时的游戏让人们意识到保护环境的重要性，从而提高人们保护环境的意识。

2013 年，小米社区发起了一个“智勇大冲关”的闯关活动，在活动中参与者只要答对所有题目就有机会获得红米 F 码，活动界面如图 1-9 所示。

图 1–9　小米活动界面

这个活动的关注人数有 100 万，其中 1800 人进行了闯关活动。闯关的题目是围绕小米产品展开的，主要有小米手机的参数信息，如处理器、搭载的系统、价位、分辨率等，小米电视屏幕的生产厂家是哪个公司、小米电视的 CPU 核数等问题。

因为小米在营销方式上采用饥饿营销，这就意味着小米的新产品永远处于供不应求的状态。而 F 码是优先购买的凭证，小米把 F 码通过公平竞赛的方式发放给对小米产品十分熟悉的忠实顾客，让这些顾客可以优先购买到小米的新产品。

因此，获得小米 F 码就成为消费者参与“智勇大冲关”的动力。

小米通过进行各种游戏活动，激发顾客获得“良性刺激”，从而促使顾客参与到活动当中。在小米的“智勇大冲关”活动中，参与人次是参与人数的 18 倍，可见小米 F 码对顾客的激励程度之高。这些活动中，无论是物质上的还是身体、精神上的刺激都可以有效促进用户参与度。

1.3.2 促使客户爱上“讨厌”的商业活动

2016 年冬季，C&A 推出了一个“changing room”的公益活动，这个活动的主题是为中国贫苦山区的孩子捐赠衣物。这个活动在 C&A 的部分线下实体店进行，消费者只需要把有意购买的衣物挂在试衣间的衣架上，然后试衣间的 LED 屏幕上就会出现一个熟睡的山区儿童，而衣架上的衣服就会自动盖在孩子身上，意指人们对山区孩子的关爱。

这个时候屏幕旁边的打印机就会打印出不同的折扣券，消费者可以选择捐出折扣券，C&A 会根据消费者捐出的折扣券兑换成新衣物送给山区的孩子。

2017 年，C&A 推出人工智能体验店，这些体验店为消费者提供了虚拟试衣的功能。在虚拟试衣间中，C&A 为用户提供超过 50 套的服装搭配。据统计，消费者在进入虚拟试衣间后会比平时多停留至少 4 分钟的时间。

针对线下实体店的营销，C&A 做了许多改变，如前文所提到的“changing room”公益活动和虚拟试衣功能。前者可以促进消费者购买，从而帮助山区的孩子获得足够的过冬衣物，同时也提高了品牌在消费者心中的影响力，后者则解决了消费者的线下购买痛点，用既省时又有趣的方式让消费者爱上这种体验，从而在试衣间内停留，进行多种服装的虚拟试穿。在线下实体店的销售量整体呈下滑趋势的大背景下，这样的改变使 C&A 实体店一直保持着较高的销售业绩。

C&A 线下门店做出的突破性的改变给消费者带来了极大的便利。在线上购买衣服时，消费者最大的痛点就是实物与图片不相符，“买家秀”和“卖家秀”也一度成为人们的娱乐话题，而虚拟试衣功能就可以完美解决这个问题。虚拟试衣数据库拥有一万多个中国女性的三维扫描数据，并且依靠相关技术可以衍生出无数数据，这样的海量数据可以精准建造用户的身材模型。建造完模型之后，用户在试衣的时候就可以有效避免实物与图片不相符等情况。

虚拟试衣十分省时，通常消费者试穿一件衣服要花费很多时间，也易产生疲惫和厌烦的感觉，虚拟试衣功能可以提高消费者的试穿效率，节省时间，消费者就会有更多的时间进行各种服装的搭配，从而潜移默化地增加服装销量。

C&A 针对消费者在线下购买衣物时的需求痛点进行分析改善，用创新的科技帮助消费者解决了痛点，使被消费者“讨厌”的单纯的营销活动变得更加有趣、新颖，让消费者爱上企业的产品和服务，增加对企业品牌的黏性，成为品牌的忠实“粉丝”。

1.3.3　获得沉浸式的互动体验

沉浸式是内心状态的一种表现形式，指用户因过于专注当前情景，并产生愉快和满足，从而忘记了真实环境的情况。打造沉浸式的互动体验可以让用户更加深入地了解企业产品，而不仅仅是止于表面。

2017 年，清明上河园推出《大宋·东京梦华》《大宋网红陪你逛清园》和《王员外招婿》等 H5 互动游戏，如图 1-10 和图 1-11 所示。

图 1–10　《大宋 · 东京梦华》启动页面

图 1–11　《大宋・东京梦华》剧情

《大宋・东京梦华》是根据水上实景演出进行编排的，是对《清明上河图》和《东京梦华录》的综合演绎。《大宋・东京梦华》用《醉东风》《齐天乐》等八首宋词为人们描摹出北宋时期的东京，用古风古韵的画面把北宋京都的繁盛描绘得淋漓尽致。

《大宋・东京梦华》的 H5 表现形式与《清明上河图》相似，采用了一卷到底的绘制形式，向人们展示了宋朝时期人们的市井生活及战争场面。

清明上河园用新颖的方式复写了《大宋・东京梦华》这样的经典巨作，把历史与现代科技相融合，有效地传播了中华文化，用精美的 H5 画面使用户沉浸到故事剧情之中。这种大胆又新奇的方式激发了用户的猎奇心理。

清明上河园将旅游与 H5 游戏融合在一起，在景区推出了“大宋网红”，这些“大宋网红”工作人员身着仿制的宋代衣物，扮演各种宋代名人，如忠勇无双的一代名将岳飞、精于诗词书法的宋徽宗、东京富甲一方的员外儿女等，并以各自的角色视角带游客进行景点游览。通过工作人员的情景带入，进入景区的游客感觉仿佛来到了古代，真实地变成了事件的参与者。如《王员外招婿》在景区内进行真实上演，游客化身为公子哥、侠客、书生等人物聚在绣楼之下，等待着抢绣球。

同时清明上河园也将《王员外招婿》制成了 H5 页面，在这个页面中，用户除了可以看到王小姐，还可以看到“李逵”“苏东坡”等名人 ID 留言，有趣地还原了宋代的市井文化，使用户沉浸其中。

清明上河园是第一个打造沉浸式游玩景区的企业，用还原人物和事件等方式让游客在景区参观游览时被带入到事件之中，让游客成为事件中的一员，增强了游客与景区之间的互动，让单纯的游览变为深入的了解。相比于讲解员的叙述，这种沉浸式的互动体验更容易让游客喜爱，也会让游客的游览参观变得更加有趣。

1.3.4　滴滴出行：H5 营销活动

滴滴出行的 H5 营销活动层出不穷，虽然种类繁多，营销内容也各有千秋，但是每一个营销活动都贯穿着滴滴“让出行更美好”的理念。滴滴出行的 H5 营销活动主要有四个方式，分别为情感式营销、事件式营销、跨界式营销和情怀式营销，如图 1-12 所示。

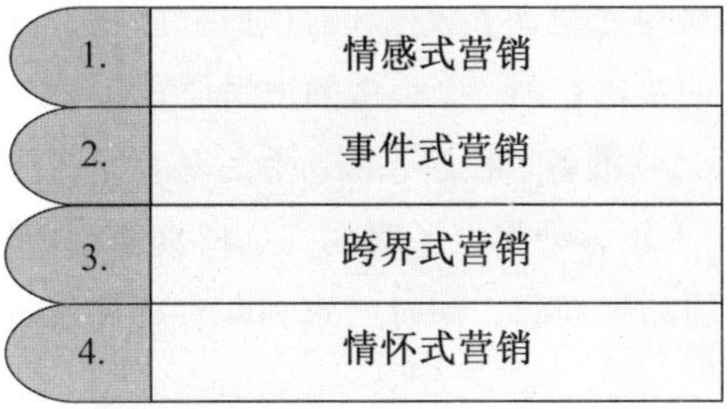

图 1-12　滴滴出行的 H5 营销活动方式

1. 情感式营销

2014 年，滴滴以其独特的滴滴体爆红网络，各大媒体平台纷纷用滴滴体发布了相关广告，各种滴滴体图片引发了众多网友的共鸣，网友纷纷留言参与热烈讨论。

2. 事件式营销

2015 年，滴滴准备进行 logo 升级，于是在服务页推出了“再见”的标题。这一消息瞬间勾起了人们的话题，据统计，#滴滴打车再见#的微博浏览量达到了 333.2 万，超过 4.5 万的网友参与了讨论，随后通过滴滴的一步步引导，网友的话题关注点转变成对新 logo 的好奇。而且滴滴 CEO 程维同时宣布滴滴完成了新一轮的融资，把事件热度推向了高潮。

3. 跨界式营销

2015 年，摄影师 Esteban 挑战了吉尼斯世界纪录——最长的胶片。在这项挑战中，Esteban 乘坐奔驰 GLA 的滴滴快车，用 80 米的胶片记录了北京二环风景。滴滴绕北京二环一周约 33 公里，而车费仅为 50 元。在这项活动中，滴滴与奔驰携手，以“吉尼斯世界纪录”为噱头，在向人们展示北京风貌的同时，起到了宣传效果。

北京二环的快节奏正是人们追逐梦想的步伐速度，人们在美景中匆匆而过，美景也看着人们来去匆匆，滴滴用“让出行更美好”的理念，引起了人们的共鸣。

4. 情怀式营销

2016 年，滴滴与 Darry Ring 钻戒品牌联合推出了一个名为《情人节最虐狗的情侣竟然是我们爸妈》的视频。这个视频聚焦于老人，向人们展现了老一辈人的求婚、结婚方式。视频中有位老人表示年轻的时候照相、办证就算结婚，没有浪漫的仪式。于是老人便决定补办一个浪漫的求婚仪式，鲜红的玫瑰、精美的戒指、手写的情书……老人认真准备了很多东西，然后对妻子告白。老人的妻子被感动得落泪，而看视频的人也感动得红了眼眶。这样真挚的情感映衬了 Darry Ring“一生只爱一个人”的品牌理念，同时“想到即实施”也符合滴滴的品牌理念。

滴滴对传统的营销方式进行了改变，滴滴官方曾说过：“与其把钱花在电视台广告上，不如直接让用户体验产品。”而滴滴用各种形式的 H5 营销活动让用户更加深入地接触滴滴，增加用户使用频次，同时给予用户良好的乘车体验。

滴滴的《两毛钱回来了！！！》H5 视频是根据《一分钱》儿歌进行改编的，融合了 rap 风格，高频率出现的“滴滴分分租，两毛钱也能租”歌词给用户留下了深刻的印象，也点出了滴滴此次活动的主题。

滴滴的营销方式很明确，就是把滴滴理念融入时下最受人们欢迎的方式当中。在内容选择上，滴滴也十分接地气，通过描述人们的日常生活来最大限度地引起人们的共鸣，在话题热度中进行品牌推广与营销。

第 2 章

营销中的游戏化思维

本章首先引入游戏化营销的案例，通过案例说明营销中的游戏化思维，然后分析为什么要将营销活动游戏化，最后从企业角度进一步说明游戏化营销的好处。

2.1 游戏化营销思维：在非游戏情境中加入游戏元素

传统的营销活动是通过做活动来达成销售目的，而加入游戏化元素的营销活动会比传统的营销活动产生更加明显的效果，本小节将会详细介绍如何把游戏元素应用到营销活动当中。

2.1.1 营销，是一个“坏孩子”的游戏

营销的目的是为了促使消费者在了解产品信息后购买产品，但这并不表示要将产品的信息全部摆在消费者面前。如今各种铺天盖地的广告让消费者应接不暇，营销痕迹过于明显无疑会使消费者产生厌烦心理。如果想在各种营销活动中脱颖而出，就需要牢牢把握住消费者的心理。当前，80 后和 90 后逐渐成为消费的主力军，因此独辟蹊径的营销方式才更容易取胜。

提及高考，大部分人脑海中出现的都是“紧张”“焦虑”“痛苦”这些负面的词语。但是对于商家来说，高考却是他们进行营销的绝佳机会。那么，利用游戏化的思维方式将高考和营销结合起来，又会碰撞出怎样的火花呢？

37 游戏曾在高考期间发起了一个非常有意思的活动。他们让两位扮成洋葱人

偶的工作人员来到广州某中学的门口，两位人偶手上分别拿着“压力释放者”和“来抱打我吧”的横幅，而且他们身上还印有“失落”“沮丧”“躁动”等代表负面情绪的表情标签。当高考结束时，他们顺利吸引到了众多考生和家长的围观。

有些考生会和这两位洋葱玩偶进行拥抱，有些考生会用拳头击打人偶或者从他们身上撕下各种负面情绪的标签，以此来宣泄自己的心情。

活动结束后，网络上立即出现了“广州某考场外惊现考生暴打‘泄压玩偶’”的新闻，同时还引来了各大主流媒体的追踪报道。37 游戏通过这样的互动游戏方式，成功吸引了大众的关注。

37 游戏没有选择用传统的营销方式将品牌信息传递给大众，而是选择在高考这个大背景下，利用一种游戏化的互动方式与考生产生情感上的共鸣，与此同时还产生了良好的社会效应，在很大程度上宣传了游戏品牌。

可见，如今循规蹈矩的传统营销手段不一定能取得期望的效果，不如尝试着做一个颠覆传统的“坏孩子”，用游戏化思维打造自己独一无二的营销活动。

2.1.2 游戏化思维把工具变玩具

大多数人都会被有趣的事物吸引，所以在进行产品营销时不要简单地把产品定位成一种工具。把产品当作工具，就无法给用户提供良好的情感体验，也就无法吸引消费者。而游戏化思维能够把产品从单调无趣、无法吸引消费者的工具变为大多数人都喜爱的玩具，将原本枯燥无趣的营销活动变得生动有趣。

利用游戏化思维把工具变成玩具的最好例子莫过于单词学习软件，下面以沪江开心词场为例，来看看这一工具是如何变成玩具的。

背单词是英语学习中非常基础的环节，不过死记硬背难免会让人觉得无聊。沪江开心词场则利用游戏化的思维将背单词转变成了一个充满趣味的过程。沪江开心词场采用闯关背单词的方式，将背诵的过程和闯关融为一体，每完成一个关卡才能解锁下一个关卡。闯关后用户还可以获得词能量，从而产生极大的成就感，并受到激励继续背诵单词。

除此之外，沪江开心词场还设置了 PK（挑战）竞技场和排行榜。用户在 PK

竞技场中可以选择随机 PK 或者好友 PK，并可以用这种 PK 的方式来检验自己的学习成果，了解自己与其他用户的差距。这样的方法能够进一步激发用户学习单词的欲望和好胜心，变被动学习为主动学习，如图 2-1 和图 2-2 所示。

图 2–1　沪江闯关背单词

图 2–2　沪江闯关游戏

沪江开心词场在软件的设计上运用了多种不同的游戏机制，例如挑战机制、竞争机制、合作机制、奖励机制、胜负机制等。这种游戏化的方式能够让用户在完成任务的同时获益良多，目前已经受到许多年轻人的喜爱，在单词软件下载排行中名列前茅，沪江的知名度也随之提高了。

同样尝试用游戏化思维将工具变成玩具的还有微信。微信最初的定位是一款即时通信工具，但是近年来市场上的通信工具产品层出不穷。面对这样的境况，如何留住用户、增强用户的黏性就成了微信面临的最主要的问题。

于是，微信在 6.6.1 版本中宣布小程序功能升级，同时推出了微信小游戏“跳一跳”。这款游戏的玩法很简单：单手控制跳跃的力度，从一个箱子上跳到下一个箱子上，跳得越远，排名越高。“跳一跳”游戏推出后不久，迅速成为朋友圈的爆款小游戏，日活跃用户甚至达到了 1.7 亿。“跳一跳”游戏之所以能够成功，原因在于它顺应了人们的需求。在生活节奏日益加快、人们的碎片时间越来越多的时代，用户可以随时随地玩“跳一跳”游戏。于是微信不再仅是一款通信工具，它俨然已经成了一种好玩的玩具。

玩是人们与生俱来的一种天性，如果一个产品能够同时兼具工具和玩具这两种功能，那么一定会受到人们的欢迎。尝试用游戏化思维打破原有的桎梏，将产品由工具转变成玩具，也就将传统营销活动转变成了游戏化营销活动。

2.1.3 用玩游戏的心态做营销

用玩游戏的心态做营销并不意味着能够提高产品的销售量，但是可以较大程度地提升品牌的影响力和美誉度，加强消费者对企业品牌的认可。

为了达到这样的效果，企业在制作营销游戏时就一定要考虑一则问题，那就是这款游戏究竟好不好玩，消费者是否愿意参与其中。在营销游戏中，我们每一个人都是玩家，营销游戏的设计者必须先投入到这场游戏中来，用玩游戏的心态设计营销活动。

成功的游戏化营销离不开两个字——创意，创意可以说是游戏化营销的灵魂。不是把广告和游戏结合在一起就可以让消费者喜爱产品，事实证明，没有创意的游戏化营销依然吸引不了消费者的注意。

在 2013 年的情人节那天，Wilkinson 剃须刀别出心裁地设计了一则互动广告。广告牌上有一个满脸胡须的男人，人们出于好奇就走上前去，当人们试图拔出男人的胡须时惊讶地发现，每一根胡须都是一枝娇艳欲滴的玫瑰。于是人们纷纷拔出男人的胡须，将美丽的玫瑰送给伴侣，而广告牌上的男人的胡须被拔光后，一张干净帅气的脸就出现在了大家面前，如图 2-3 所示。

Wilkinson 剃须刀广告的主题是提醒男士使用 Wilkinson 来保持面部的整洁，同时为了迎合情人节的氛围，将广告牌上的男人的胡须变成了玫瑰花，在宣传剃须刀的同时也为情侣们送上祝福。创意加贴心的游戏化设计使 Wilkinson 剃须刀广告成了一个经典营销案例。

图 2–3 Wilkinson 剃须刀互动广告牌

特斯拉是一家美国电动车及能源公司，产销电动车、太阳能板及储能设备。在营销模式方面，特斯拉的行为可以说是颠覆性的。它做过很多传统的企业从未做过的事，例如传播价值观、树立口碑、塑造品牌形象，以及对传统销售模式的改变。

对传统销售模式的改变在于它的销售渠道包括 4S 体验店及网上直销两部分：苹果式的体验店，使客户能够更好地进行直观体验；网上直销，通过付款预订的方式缩短资金链，创造现金流，网上下单，汽车定时出库，在节约成本的同时也削减了代理商的费用。

对电动车来说电池是最核心的技术，特斯拉的竞争对手菲斯科就因为其电池供应商的破产而破产。特斯拉则尽早地做了大量的研发与试验工作，掌握核心技术，并在稳定发展的时候将其公布给业内所有对手，用来培养整个产业的生态环境。

之前也出现过类似的案例：谷歌授权安卓。特斯拉效仿这一举动，因为电动车产品在全世界得到普及，它才能够达成利益最大化。

2.1.4 外在激励，诱发参与者的内在激励

用游戏化思维做营销最常使用的工具就是激励机制。我们通常使用各种奖励来激励用户使用产品或完成任务。奖励可以作为人们自身能力的一种体现，在行为发生前可以被用来引导用户的行为；在行为发生后，它又具有反馈的功能，鼓

励用户继续保持这种行为。

激励机制通常被划分为两种：外在激励和内在激励。外在激励是指从事物外的其他因素（如环境、金钱等）中实现对参与者的激励，而内在激励则是从事物本身出发探寻事物的价值，从而实现对参与者的激励。

外在激励和内在激励的侧重点不同。外在激励属于传统的激励方法，大多以实物奖励的形式出现，重视人们的外部需求；而内在激励则更强调事物的自身价值，也就是精神层面的激励。

外在激励和内在激励并不是对立的，尤其是在游戏化营销中，我们应该将外在激励和内在激励结合起来，利用外在激励吸引用户，然后逐渐将外在激励转变成内在激励留住客户。

例如，在2018年，直播答题类平台突然之间爆红于网络，由映客推出的“芝士超人”APP一经上线就与王思聪的“冲顶大会”和今日头条的“百万英雄”共同掀起了全民答题的风潮。这种直播答题类APP无参与门槛，题目类型涉及音乐、科技、文学、体育等各个方面，娱乐性和互动性极强，每个人都可以参与其中。同时奖金的设置从几十万元到上百万元不等，能够拿到多少奖金完全取决于用户答对题目的数量，如图2-4所示。

图2–4 “芝士超人”答题活动

许多用户受到奖金的诱惑主动参与到答题游戏中，但是参与进来的用户很快就把注意力放到答题上而不是奖金上了。用户参与答题已经不仅仅是为了赢得奖金，更重要的是展现自己的能力，题目答对的数量越多，优越感就会越强。

直播答题类APP成功了，一方面这些平台获得了大量的用户，提升流量的同时还得到了良好的口碑；另一方面这类平台也吸引了诸多广告商主动谋求合作，为其发展提供了更大的空间。

直播答题类 APP 能够取得显著成绩的原因就在于它们同时将外在激励和内在激励应用到了游戏化营销活动中。以奖金作为外在激励，让更多的用户参与到游戏中来，然后在游戏过程中利用用户的好胜心理，将答题转变为一场能力的比拼，奖金拿得越多证明自身能力越强，利用内在激励使用户积极参与其中。

在游戏化营销中，企业只有将外在激励逐渐转变成内在激励，才会进一步提升用户的参与度，使用户真正喜爱产品和品牌。

2.1.5　自制曲奇冰激凌：让吃冰激凌变成趣味性游戏

一般情况下，我们会更珍惜凭借自己的努力取得的成果，认为它会比不劳而获的事物更有价值。在这种营销思路的引导之下，很多商家都推出了 DIY（Do It Yourself，自己动手做）服务，而 DIY 服务在很大程度上也受到了游戏化思维的影响。DIY 服务使消费者在游戏过后购买商品，最为重要的是当消费者完成了整个游戏活动后会产生巨大的成就感。此时消费者购买的就不仅仅是一份商品，而是一份欢乐的体验活动。

以前，我们买到的冰激凌都是完成品。但是近几年，一些商家在售卖冰激凌的同时还推出了冰激凌 DIY 服务。商家会为消费者提供制作冰激凌的所有材料，而且消费者不需要担心自己没有经验，因为在整个过程中都会有店家指导。在店家的指导下，消费者将曲奇和咖啡放入冰激凌当中，很快就能够吃到自己亲手制作的冰激凌了。

相较于成品冰激凌来说，DIY 冰激凌的定价会更高一些，但是依然会有许多消费者愿意为其买单。原因就在于商家为消费者提供了一次小小的挑战，将原本简单的购买行为变成了一个富有趣味的游戏，提升了消费者的参与感。消费者在购买冰激凌的同时还学会了如何制作，可以说一举两得。

例如，冰激凌品牌“梦龙”为了满足消费者多样化的需求，专门打造了一些 DIY 雪糕店。这些雪糕店装潢奢华，美观的造型设计吸引了很多消费者。

在梦龙 DIY 雪糕店里，有专门的工作人员帮助消费者进行雪糕加工，消费者可以自己选择口味，然后再选择雪糕的装饰配料。梦龙 DIY 雪糕店为消费者提供了 20 余种配料，这些配料被分别装在碗里，工作人员在配料的旁边贴心地为消费者标注了配料的名称，方便消费者进行选择。除了常见的椰丝、杏仁片、饼干碎等配料，梦龙还为消费者提供了玫瑰花瓣、糖制的金箔片等稀奇古怪的配料。据统计，在所有配料中，玫瑰花瓣、金箔及海盐是消费者最钟爱的三种配料。

最后，消费者还需要进行雪糕脆皮的选择。消费者可以在白巧克力、牛奶巧克力及黑巧克力三种脆皮之中选择一种。将所有材料都选择好之后就可以请店员帮忙加工，最后 DIY 的雪糕就完成了。

为了保证 DIY 雪糕的食用口感，梦龙在 DIY 雪糕店设置了一个用餐区。另外梦龙还专门设置了一个高光拍照区，消费者可以把制作完成的 DIY 雪糕放在这个地方进行拍照。

游戏化营销的神奇之处就在这里，在非游戏情境中加入游戏元素，创意和乐趣成了营销活动中的关键性因素，在开心做游戏的同时，消费者非常愿意为产品买单。

2.2 游戏化思维的好处

游戏化思维可以让人们像喜爱游戏一样爱上营销活动。本节主要讲述游戏化思维的好处，同时列举出一些营销活动的方式。除此之外，本节也针对目前存在的营销难点做了针对性分析，通过游戏化营销的案例来轻松解决这些难点。本节所列举的游戏化思维的好处，恰当地解释了企业要进行游戏化营销的原因。

2.2.1 促使产品变有趣，增加客户吸引力

将游戏化思维应用于营销过程中，通过游戏的方式来传递企业品牌、产品和服务信息，可以让客户不再是被动地接受枯燥的产品信息，而是参与到游戏中来，在轻松愉快的过程中主动接受和购买产品。

奥利奥饼干是全球第二大食品生产公司——亿滋的明星产品，从 1912 年诞生以来就吸引了无数的消费者。那句“扭一扭，舔一舔，泡一泡”的广告词也为消费者所熟知。一直以来奥利奥饼干在营销手段上不断创新，以各种新颖的广告形式吸引消费者，在消费者心目中树立了一个“好吃又好玩”的形象。

2017 年，亿滋中国子公司联手天猫共同推出了“边吃饼干边听歌”的音乐盒饼干礼包，这款音乐盒饼干礼包于 5 月 16 日在天猫超级品牌日活动中发售，仅 12 小时就售出了 2 万个。而这款产品成功的关键就在于游戏化思维的运用，如图 2-5 所示。

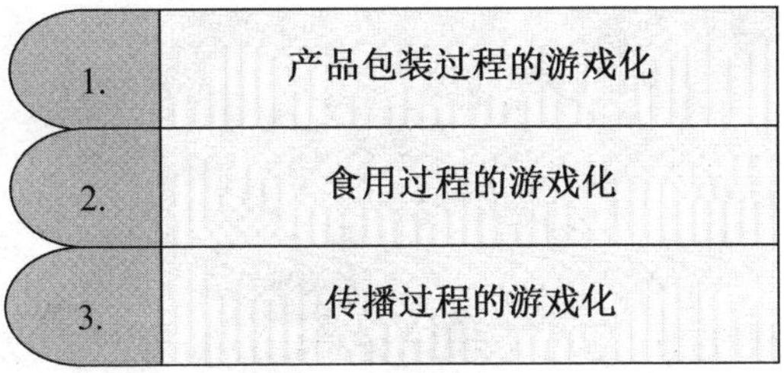

图 2–5　音乐盒饼干礼包的游戏化思维运用

1. 产品包装过程的游戏化

亿滋为用户提供了定制服务，在包装上采用了半成品的方式。消费者可以进入奥利奥官方发布的 H5 页面中，从其提供的 4 款插画中选择自己喜爱的图案构成礼盒的包装并亲自为其填充颜色，以简单、低门槛的方式完成整个包装的设计。用户在完成包装的设计后会形成相关数据，通过后台以云端的方式发送给印刷厂，印刷厂利用数码打印技术迅速完成定制包装的生产。高效的生产过程让很多消费者在第二天就能够收到专属于自己的产品。

亿滋用这种包装填色游戏使每个消费者都能参与其中，增强了同消费者的互动，从总体上提升了消费者对奥利奥品牌的好感度，如图 2-6 所示。

2. 食用过程的游戏化

除了产品包装过程的游戏化，亿滋让消费者在食用这款奥利奥饼干时也产生了不一样的体验。这款饼干的定位是一款集“世界上最小的唱片”“3D 版 MV 定制”“能唱歌的饼干”于一身的黑科技产品，所以产品中共包含了四包奥利奥巧轻脆和一个音乐盒。消费者将饼干放置在音乐盒上就可以听到四首不同的青春原创音乐，这四首音乐分别对应了青春的不同阶段——初中、高中、大学、职场。同时每咬一口奥利奥，音乐盒就会随着饼干体积的变化自动切歌，做到了让消费者边吃边听歌。

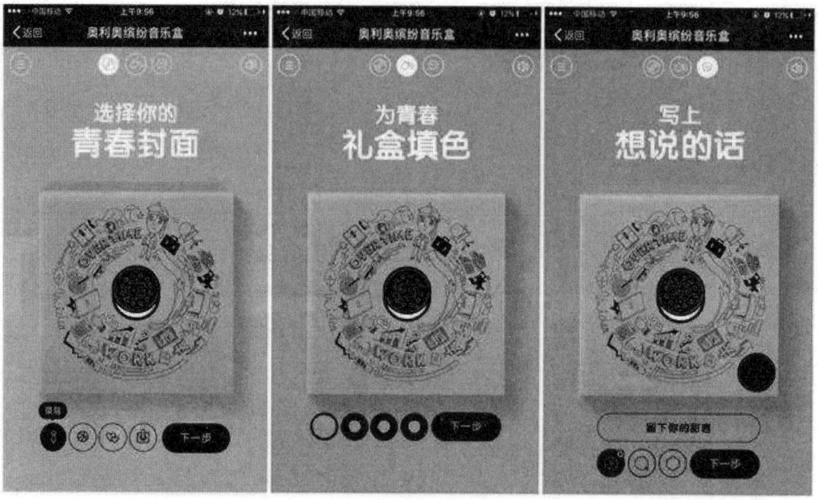

图 2-6　产品包装过程的游戏化

这款音乐盒还加入了当下最为流行的元素——AR 技术。在音乐盒播放音乐的过程中，AR 元素会将消费者填充的颜色呈现出来。同时消费者还可以扫描包装盒上的二维码，在手机上观看歌曲的 AR 版 MV。亿滋用这种极富创意的手段，成功带给消费者一次新奇的体验。

3. 传播过程的游戏化

当消费者对产品产生好感后，亿滋便开始引导消费者参与到产品的二次传播中。亿滋为了让消费者积极参与到产品的宣传当中，专门推出了“粉丝趴”的活动。消费者只要在微博上参与话题“会唱歌的饼干”，输入自己想说的话并晒出自己音乐盒的图片，就有机会赢得华晨宇签名的 CD。这种模式吸引了 100 多万“粉丝”的关注和参与，使奥利奥产品得到了进一步的宣传。

奥利奥饼干的口味没有变化，但是奥利奥以这种游戏化的营销方式，将自己成功打造为一个有趣且富有想象力的品牌。用创新赋予产品更为强大的生命力，这就是奥利奥保持恒久吸引力的最大法宝。

2.2.2　把困难的商业任务变得简单

面对竞争越来越激烈的商业市场，企业要想顺利地达成商业任务似乎变得十分困难。而游戏化思维则为企业提供了新的营销思路，以一种简单可行的方式帮助企业将商业任务化难为易。

农夫山泉是人人熟知的一个矿泉水品牌。近年来，农夫山泉为了改变产品结构单一的局面，开始尝试向高端水市场进军。高端水市场的潜力不容小觑，有分析表明，国内的高端水市场已经开始走向成熟，在未来五年，高端水市场将会拥有 100 亿元份额的巨大用户群。

面对潜力巨大的高端水市场，很多企业都想跻身其中，这也让农夫山泉的这一计划面临着非常大的挑战。

为了给全面进军高端水市场造势，农夫山泉在 2016 年推出了“金猴闹春，全家团圆”的活动。在活动中，农夫山泉为猴年设计了贺岁版农夫山泉玻璃瓶，从玻璃瓶口到瓶底一共有七只金猴，它们形态各异，或呈攀爬状，或呈悬吊状，还有一只母猴怀中抱着小猴子，这些猴子体现出一种温馨愉悦的团聚氛围。

此次活动的“金猴瓶”限量 15 万套，并且只送不卖。在这个活动中，农夫山泉官方对于“金猴瓶”的获取渠道没有设置任何门槛，用户只需关注农夫山泉官方微信就可以参与活动。每位用户都有一次机会，中奖的用户可以获得一个包含 750mL 天然矿泉水和 750mL 充气天然矿泉水的礼盒套装。同时农夫山泉还提供了高端水刻字的服务，中奖用户可以选择在瓶身刻下自己的姓名和生日，作为新年礼物送给自己或者送给亲朋好友。

农夫山泉的这次“金猴闹春，全家团圆”活动不仅有意义而且还十分成功。有意义的一面在于以只送不卖的方式回馈新老顾客，可以营造一个良好的企业形象，与消费者进行情感上的联络，促使消费者继续选择自己的品牌。而成功的一面则在于农夫山泉没有进行大规模的广告投入，而是以一个简简单单的抽奖游戏就让消费者全方位地了解到农夫山泉的高端水产品。农夫山泉也以此为突破口，趁热打铁进入了高端水市场。

像这样利用游戏化思维把困难的商业任务变简单的例子还有很多，在我们的日常生活中也可以经常看到。例如在节假日的时候，商家都会做一些促销活动，但是做促销活动的商家太多，只靠打价格战往往不能吸引消费者，面对这样的情况，商家会选择在降低价格的同时推出砸金蛋、转转盘赢奖品之类的活动，原本难以达成的销售任务也就变得容易了。

2.2.3 消除用户抵触心理，使其易于接受

在信息泛滥的时代，我们每天都会收到无数的广告，如电视、电脑和手机上的广告推送，甚至走在马路上都会收到传单。面对商家这种狂轰滥炸式的宣传方式，消费者很容易产生厌烦感，甚至会出现逆反心理。人们对产品有自己的判断力，强迫消费者接收广告必然会取得适得其反的效果。

而游戏化营销恰恰相反，它用游戏化的思维将广告融入游戏当中，在潜移默化之中将产品的信息传递给用户。采用这样的方式能够在很大程度上降低用户的抵触情绪，增加用户对产品的好感和信任。

“零度可乐”是可口可乐旗下的一款产品。为了让消费者更好地了解这款产品，零度可乐曾推出了一个“可以喝”的广告，如图 2-7 所示。

图 2–7 “可以喝”的可乐广告

可口可乐在美国怀特河国家公园安装了一块宽 36 英尺（约 11 米）、高 26 英尺（约 8 米）的零度可口可乐广告牌，在这个广告牌上有一个连接着 1300 多米长的吸管的巨型可乐瓶，这个吸管蜿蜒地拼出了“Taste it（尝尝它）”的字样。每个路过的人只要打开开关就可以品尝到免费的零度可乐。

这种方式接触到的消费者较少，为了让更多的人能够参与其中，可口可乐还采用了许多其他的办法。例如，消费者可以下载指定的 APP，当电视中播放有关零度可乐的广告时，消费者只需打开手机中的 APP 就可以让广告中的零度可乐恰

巧倒入手机的杯子中，当杯子被接满后，消费者就可以获得一张电子优惠券，消费者使用这张优惠券就可以在美国指定的零售店内换得一瓶免费的零度可乐。

除此之外，广播中会出现可乐倾倒声，消费者打开手机 APP 灌满杯子后也可以获得优惠券，或者消费者还可以将在杂志中看到的零度可乐的广告撕下，而这则广告实际上是一个被压扁的可乐杯，消费者只需将其展开，拔出里面的隐藏吸管就可以喝可乐了。

零度可乐的这次游戏化营销设计迎合了消费者的心理，因为消费者在购买饮品时首先考虑的是它的味道，所以提供给消费者一次品尝的机会要比直接介绍的效果好得多，结果确实表明，很多消费者在品尝过零度可乐后会选择再次购买。

同时我们也不难发现，零度可乐在这次营销活动中也采用了电视、广播等媒介植入广告。但是可口可乐利用游戏化的方式让植入式广告不再单调生硬，游戏式的互动让消费者完全乐在其中，不仅不会对产品产生抵触心理，相反还会热烈追捧。

2.2.4　增强用户黏性，增加使用频次

对于企业来说，吸引到客户不是营销的主要目的，营销活动最主要的目的是要让客户“留下来”，即增强用户黏性。发展一批忠实的用户群体对企业发展来说至关重要。游戏化营销可以利用激励机制提高顾客的参与度，这种方式在降低营销成本的同时还能增强用户的黏性，帮助企业顺利达成营销目标。

像大家最为熟悉的打卡签到这种游戏化手段，以一些激励来培养用户签到的习惯，从而增加用户使用软件的频次。打卡签到这种形式最常出现在各大 APP 当中。

“每日签到领取京豆”是京东推出的一种十分新颖的网络营销手段。进入京东的首页可以看到“领京豆”这个选项，点击签到后就可以领取京豆。领取的京豆有很多用途，消费者可以在购物时用京豆来抵扣现金或者在“京东换券”频道兑换自己想要购买品牌的购物券。除签到外，平台还提供了其他的服务和活动，比如签到完成后还可以进行抽奖小游戏，通过游戏可以获得额外的奖励，从而对客户产生吸引力。

京东推出的“每日签到领京豆”活动不仅可以促使用户每天登录平台浏览产品，而且还能进一步激发用户产生购买行为，可以说是一个一举两得的好方法。

除了打卡签到这种方式，等级制度也经常被运用到产品的营销中，用以增强用户对产品的黏性。用等级制度形成的游戏化理念，可以对玩家产生巨大的吸引力。

QQ 具有明显的等级制。QQ 的等级制度规则很简单：只要用户累计登录天数达到一定的次数就会自动升级。最为原始的 QQ 等级为星星，随后会依次变为月亮、太阳和皇冠，4 个星星等于一个月亮，4 个月亮等于一个太阳，4 个太阳等于一个皇冠，依此类推。QQ 等级越高，用户能够享有的特权也就越多。这种制度一经推出，每天登录 QQ 升级就成为很多用户的一种习惯。腾讯将这种等级制度运用到产品之中，用这种方式来刺激用户延长在线时间，比其他竞争者赢得了更多的用户，如图 2-8 所示。

级别	图标
0级	
1级	☆
2级	☆☆
3级	☆☆☆
4级	☾
5级	☾☆
6级	☾☆☆
7级	☾☆☆☆
8级	☾☾
9级	☾☾☆
10级	☾☾☆☆
11级	☾☾☆☆☆
12级	☾☾☾
13级	☾☾☾☆
14级	☾☾☾☆☆
15级	☾☾☾☆☆☆
16级	☺
17级	☺☆
18级	☺☆☆
19级	☺☆☆☆

图 2–8　QQ 等级变化

打卡签到或等级制度都是在把握用户心理的基础上，利用游戏化的思维使用户对自己的产品产生依赖，这种依赖性一旦形成，用户对产品的使用频次自然就增加了，黏性也就增强了。

2.2.5　让用户产生完整的情感体验

游戏化营销指企业在了解消费者情感需求的基础上，以做游戏的方式与消费者互动，达成情感共鸣，让用户产生完整的情感体验。

京东“6·18”是继天猫“双十一”之后的又一个大型网络狂欢节，每年京东都会采用一系列的营销手段来为活动造势。在京东成立 12 周年时，京东总裁刘强东携手谢霆锋和李娜围绕“初心不变”这个话题与消费者展开了一次心灵上的对话。

为了能让广大的网友参与其中，京东选用了 H5 这种新媒体形式作为载体。网友可以在这个 H5 界面中上传自己过去和现在的照片，填写好自己想要表达的“京东体”，完成之后会自动生成一个页面。在生成的页面中我们可以看到自己两张照片的对比，同时页面中还配有背景音乐《我变了，我没变！》。京东以这种特别的方式为大家带来心灵上的冲击和感动。

京东的这次营销活动让广告更具体验感和参与感，“初心不变”的主题唤起了大家的回忆，让大家在成长中寻找初心，让用户产生完整的情感体验。这次活动吸引了 20 多万名网友参与，累积阅读量高达 50 万次。

京东这次并没有局限于推广活动，而是以一个非常有意义的话题与消费者展开沟通，在消费者当中树立了良好的口碑，给消费者留下了深刻印象，这样会更有利于京东未来的发展。

Toms 是美国著名的休闲鞋品牌，这个品牌有一个非常独特的口号——“one for one”。只要消费者购买一双鞋子，他们就会向贫困地区的孩子提供一双新鞋。Toms 曾在社交媒体上发起过一轮“One Day Without Shoes”的活动，参与这个活动的人只需拍下自己的一张赤足照片并配上话题#One Day Without Shoes#，上传至微博、蘑菇街、阿里巴巴范儿或者 Toms China 的官方微信中，即可为贫困地区的孩子捐赠一双鞋子。

Toms 用这种分享活动献爱心的形式带给消费者不一样的情感体验，在展现品牌对社会的爱心的同时，还赋予了品牌更为强大的生命力。

由上述案例可知，企业在营销过程中采用理性诉求的方式去打动消费者十分重要，因为采用理性诉求的方式可以将企业的产品和服务信息更为真实准确地传达给消费者。但是这并不意味着企业在营销过程中可以忽视感性诉求，相比于理性诉求，感性诉求主要是以消费者的情感和情绪为基础，对于企业来说，在营销中运用游戏化思维，可以在无形中使品牌形象深入消费者内心，从而使企业获得长足发展。

2.2.6 激励用户帮助企业实现商业目标

近几年每到临近春节之际，支付宝都会推出“新春集五福”活动，只要用户在春节前夕集齐爱国福、敬业福、富强福、和谐福和友善福，就能够在除夕夜的晚上瓜分 2 亿元现金。“新春集五福”活动吸引了大量用户的踊跃参与，支付宝的营销活动利用了游戏化思维，激励用户在游戏中帮助企业实现了多个商业目标。

图 2-9　AR 扫一扫

1. 推广新功能——AR 实景红包

2017 年，支付宝将“新春集五福”活动分为了两个阶段。第一个阶段就是“扫福字，得福卡”，支付宝在这一阶段运用了 AR 技术（增强现实技术）。用户进入界面使用 AR 扫一扫任何一个福字，就有机会获得一张福卡。支付宝之所以在这次活动中选择使用 AR 技术，是因为在 2016 年底支付宝推出了 AR 实景红包的功能，这次活动能够轻松使用户了解这一功能，从而起到巨大的宣传效果，如图 2-9 所示。

2. 开发新用户，增强软件的社交功能

支付宝一直在尝试向“社交+支付”的方向转变。在集福卡的过程中，用户可以将重复的福卡转送给好友，也可以用自己重复的福卡与好友进行交换，当然用户还可以直接向朋友索要福卡。好友相互分享福卡一方面可以使支付宝的社交功能得到推广，另一方面原本没有参与这个活动的用户也会在好友的带动下参与进来，提高支付宝的活动参与度。更为重要的是，支付宝通过这个活动开发了一批新用户，原本没有下载过支付宝的用户在朋友的介绍下也开通了支付宝账户，支付宝的名气在这次活动中变得更大了。

3. 提高支付宝中各个应用的使用频率

支付宝“新春集五福”的第二阶段为“为世界添绿色，为新年添福气”。在这一阶段，用户可以通过开通蚂蚁森林和给好友浇水来获取福卡。集福卡活动让更多人参与到蚂蚁森林这项公益活动中。同时由于蚂蚁森林这个应用还与支付宝中的其他应用相关联，这会在一定程度上提高用户对各个应用的使用频率。

支付宝的“新春集五福”活动达到了一举多得的效果，游戏化营销方式使用户在不知不觉中就帮助企业实现了多个商业任务，最为关键的是用户的这种自发性行为给企业带来了巨大的效益。

2.3　游戏化思维如何改变营销

游戏化营销最大的特点就是可以利用时下最流行的元素来接触消费者。用新奇的方式进行营销活动，可以快速吸引人们的注意，在人们进行讨论和使用的时候就实现了用户之间的传播。

2.3.1　让广告游走于游戏之中

对于广告商来说，传统的营销手段已经很难产生良好的效果，如今越来越多的商家运用游戏化营销方式来提升品牌效应和用户参与度，游戏化思维已经成为商家保持竞争力的有效方式。通常，商家主要采用以下两种方法将广告和游戏相结合。

1. 直接将广告植入游戏之中

如果利用这种方法，商家通常会选择与那些高人气游戏达成合作。商家会把自己的广告商品转变为游戏中的场景或者变为游戏中的道具，让用户在游戏过程中注意到自己。这样做的最大的好处就是可以利用游戏原有的庞大用户基数，为自己博得更多的关注。

网易游戏推出的《终结者 2：审判日》是一款受到众多玩家追捧的游戏，其火爆程度自然也受到了许多商家的关注。小黄车 ofo、京东都曾和这款游戏达成过合作，百度外卖也及时把握住了这次机会，在《终结者 2：审判日》中植入了大批广告，如图 2-10 所示。

图 2-10 《终结者 2：审判日》中的百度外卖车

百度外卖携手《终结者 2：审判日》，将百度外卖的广告内容应用到游戏的各个场景之中，包括降落伞、百度外卖工作服、交通工具和百度外卖箱等。同时玩家只要关注游戏的官方微博和微信就能够获得到一件游戏道具——百度外卖工作服，工作衣服上同样印有醒目的百度外卖的标识，让玩家一眼就能看到。

最为巧妙的植入是当玩家在游戏中负伤时，百度外卖会以急救箱的形式及时出现，玩家在使用后就会恢复大量的生命值。这一系列的植入不仅不会使玩家感到厌恶，还可以将百度外卖“享受美食，享受生活”的理念传递出来。

直接将广告植入游戏中的确能够产生良好的宣传效果，但是商家在选取合作方时一定尽可能选取与自己的产品高度契合的游戏，要有准确的受众定位，即产品、游戏内容和受众这三者要高度吻合，在不影响游戏本身娱乐性的同时将产品诉求有效地传达给受众。

2. 专门定制营销游戏

专门定制营销游戏的难度要比直接将广告植入游戏的难度高很多，专门定制营销游戏对企业提出了更高的要求。定制类游戏主要适用于企业对产品的短期推广，企业需要自己制作或者与其他平台联手开发游戏内容。制作营销游戏既要有新颖的方案，还要有强大的技术支持。

卫龙辣条是食品行业中的佼佼者，但是卫龙并没有满足于现状。近些年卫龙在营销手段上可谓下足了功夫，通过卫龙以往的营销案例，你会发现卫龙企业不仅是辣条领域的“王者”，还是营销领域的“高手”。卫龙推出的《舌尖上的辣条》、暴走漫画、苹果风广告等不断刷新着人们对于这个辣条品牌的看法。

受游戏化思维的影响，卫龙在 2017 年“6 • 18 购物节”来临之际推出了一款名为《卫龙霸业》的游戏。不过这款游戏并不是以手游的形式出现的，它是一款置于卫龙公众号中的 H5 页面游戏。

这不是一款简单的游戏，因为在这款小游戏中卫龙的广告会持续出现。男女主角的名字叫作卫龙、卫凤，游戏界面中有广告横幅“开包卫龙嗨一波”，最有趣的是当你完成整个游戏之后，会弹出一个游戏成功的界面，点击界面下方的“前往”就会进入卫龙天猫官方旗舰店，如图 2-11 所示。

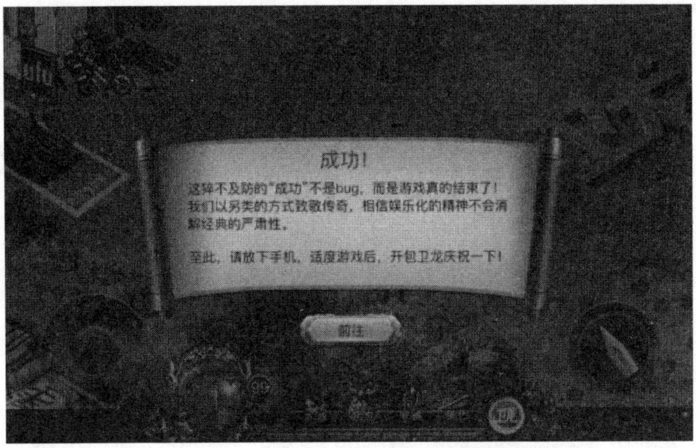

图 2-11　《卫龙霸业》通关页面

《卫龙霸业》是卫龙推出的一款定制型营销游戏，自主打造的这款游戏把卫龙的产品信息和游戏内容完美地结合在一起，更有利于将品牌诉求传达给消费者。

在制作定制类游戏时，企业通常会面临两大难点：创新和技术。制作定制类营销游戏要以品牌为基础，将创意融入游戏之中，否则将很难达到理想的效果。至于技术方面则可以借鉴卫龙的做法，尝试用 H5 技术打造一款小游戏，在降低成本的同时也可以带给用户优良的感官体验。

上述两种方式的根本目的都是为了将广告和游戏更好地结合在一起，让用户在一个充满乐趣的环境中接收到广告信息。企业可以根据自己的实际情况选用上述两种方式来宣传自己的品牌、产品和理念。

2.3.2 "诱惑"消费者去"探索"

游戏化营销可以诱惑消费者去探索，因为它精准地把握住了消费者的各种心理。比如在营销游戏中经常会出现一些极具创意或富于挑战性的玩法，这些玩法在一定程度上会激起人们的好奇心，让人们在好奇心的驱使下忽视营销游戏的真正目的，主动投入到游戏当中。

我们首先通过一个案例来观察游戏化营销是如何利用人们的好奇心，激发消费者投身其中，诱惑消费者去探索的。

法国一家经营强力胶水的商店因为地理位置不佳，生意非常惨淡。店主为了改变这种状况，在门口张贴出了一张广告，上面写道："明天上午 9 时，本店将用强力胶水把一枚价值 5000 法郎的金币贴在这面墙上，若有哪位先生或小姐能用手把它揭下来，这金币就属于您！"广告贴出后吸引了很多人的围观。

第二天上午，这家店的门口挤满了前来挑战的人，电视台也派了专人前来采访。店家当众将强力胶水涂抹在了一枚金币的背后，并将它贴在了墙上，人们接连上前挑战，但最终都以失败告终。这一过程被电视台拍摄了下来，在电视上播出后，这家店的胶水变得广为人知，销量不断攀升。

在这个案例中，店家用一枚价值 5000 法郎的金币作为"诱惑"元素，让人们主动参与到挑战中来。同时店家还充分利用了人们的好奇心，因为每一个挑战者都想知道这个胶水究竟有没有那么厉害，自己能不能将金币揭下来。就这样，店家让人们通过亲身试验了解到了胶水的效果。

未知的情况总能激起人们的好奇心。对白茶舍是一个号称用全新方式诠释茶行业的新兴轻奢品牌，对白茶舍旗下曾推出过一款名为《7 是一个谜》的产品，在这款产品中，商家选用了非常具有代表性的 7 种红茶：正山小种、高香滇红、高香川红、松香小种、滇江金锣、坦洋工夫和祁门红茶，分别将这些茶装入花瓣形的小包内，如图 2-12 所示。

图 2–12　《7 是一个谜》包装袋

这次活动最大的亮点在于商家并没有把茶的名称写在包装上，只是在每个包装上面都标上了一个序号，也就是说消费者并不知道自己品尝的是哪款茶叶。当消费者品尝完这些茶之后，可以在对白茶舍的官方微信公众号内回复你最喜欢的茶的序号，获知茶的相关信息。

对白茶舍并没有向消费者提供这款产品的全部信息，而是将产品营造得非常具有神秘感，目的是诱惑消费者主动去探索，让消费者在品茶的过程中找到自己最喜欢的一款，增强消费者对茶的认识。

游戏化思维让营销从“被动”变成了“主动”，让强制灌输型广告变成了智慧诱导型广告，游戏化的活动设置成功勾起了消费者主动探索的欲望。

2.3.3 在玩乐中提升品牌活力

如何提升品牌活力是企业共同思考的一个问题。品牌一旦老化就会产生一系列不良后果，从而阻碍企业的持续发展。创新是保持和提高品牌活力的关键性因素，这里的创新不仅是指产品创新，同时也包括营销手段的创新。目前市场上大同小异的营销手段很容易造成消费者的审美疲劳，面对这种情况，游戏化思维给企业指明了一个新的营销方向。以下案例为我们展示了不同的品牌是如何利用游戏化思维来提升品牌活力的。

雅诗兰黛成立于 1946 年，作为一款高端“老牌”化妆品，其形象固化问题让很多消费者产生误解，认为只有 30 岁以上的女性才会使用该品牌。为了消除年轻消费者对该品牌的误解、摆脱品牌老化的问题，雅诗兰黛开始尝试用游戏化思维做营销。

《三生三世十里桃花》是 2017 年非常火爆的一部电视剧，这部电视剧让女主角白浅的“桃花妆”成了社会上最流行的妆容。于是雅诗兰黛联合微博时尚垂直频道发起了“十里桃花仿妆大赛”，在活动期间“粉丝”只要将话题#十里桃花妆#发布到微博，就可以获得抽奖的机会赢取奖品。这次活动吸引了大量“粉丝”的关注，其中 95 后、00 后“粉丝”成为互动的主力，雅诗兰黛品牌借助这一活动成功接触到了目标用户。

雅诗兰黛举办这次活动将超级 IP 同游戏化思维结合在一起，用年轻人喜爱的方式，让品牌变得更“平易近人”了。

同样作为老牌企业的麦当劳，一直很受消费者的欢迎。其实麦当劳很早就发现了游戏化营销的前景，并将这种营销手段打造为了自己的一大特色。

麦当劳几乎每次都能把握时机和时下最热门的游戏展开合作，比如在游戏《愤怒的小鸟》风靡全球之际，麦当劳立即同《愤怒的小鸟》游戏开发公司 ROVIO 携手，不仅推出了限量版的玩具，还将部分餐厅升级为“愤怒的小鸟”主题餐厅，游戏中有趣的卡通形象在餐厅中随处可见，如图 2-13 所示。最为重要的是 ROVIO 专门为麦当劳定制了一款游戏，来麦当劳用餐的顾客可以通过解锁麦当劳独家关卡获得免费道具。

麦当劳借助游戏化思维让自己变得更加“时髦”，在打造新意的同时也让消费者看到了自己的心意。

图 2–13　麦当劳“愤怒的小鸟”主题餐厅

雅诗兰黛和麦当劳都成功地借助游戏化思维完成了品牌形象的重塑。游戏化思维为品牌注入了源源不断的活力，让品牌能够跟随时代步伐，快速融入消费者当中。

2.3.4　实现“交易关系”到“情感联系”的转变

著名的营销大师菲利普·科特勒曾在他的著作《营销革命 3.0》中说过：“当今的消费者所寻找的产品和服务不但要满足人们的基本需要，他们更希望能发现一种可以触及其内心深处的体验和商业模式。也就是说，为消费者提供意义感将成为企业未来营销活动的价值主张，价值驱动型商业模式将成为营销 3.0 的制胜之道。”

从这段话中我们可以看出，建立消费者与企业之间的情感联系比纯粹的交易关系更重要。企业如果想要消费者成为其品牌和产品的忠实客户，就必须尝试同消费者进行交流，在交流中获得消费者的认同和喜爱。

游戏化思维可以准确把握住人们的不同心理，在营销中运用人们喜闻乐见的方式同消费者互动，有利于帮助企业建立与消费者之间的情感联系。

企业利用游戏化思维与消费者达成情感联系可以尝试以下两种方式。

1.给消费者提供亲身体验的机会

游戏化营销在某些情况下可以给消费者提供亲身体验的机会，让消费者在游戏的过程中亲自去感受和评价产品。

露得清是美国的一个护肤品品牌。作为一款皮肤保养品，露得清需要让消费者真正了解到产品的功效。露得清巴西分公司曾在一本名为《CARAS》的女性杂志上做过一则广告，他们让巴西名模 Giovanna Ewbank 担任了杂志的封面人物。Giovanna Ewbank 被打扮得十分漂亮，但是这款杂志的封面做过了特殊的处理，当读者拿到这本杂志时可以用随刊附赠的露得清深层清洁湿巾将封面上模特的妆容全部卸掉，如图 2-14 所示。

图 2–14　露得清广告

很多读者都对这个小游戏产生了兴趣，于是他们纷纷拿起湿巾，为封面上的人物卸妆。

露得清通过这款游戏式的小广告，与消费者建立了一定的情感联系，产品的效果由消费者亲自试用，这样的方式比直接向消费者灌输产品信息的营销手段更有利于吸引消费者。

2. 在互动过程中与消费者达成共识，传递企业形象

众所周知，一次性餐具会给环境带来巨大的污染，但是能将一次性餐具变废为宝利用起来的企业却很少。韩国的星巴克为了支持环保，推出了一个名为“秘密花园”的活动。顾客在购买咖啡时，星巴克会免费赠送给顾客一包种子和混合

了咖啡渣的种植土。顾客可在喝完咖啡后扫描二维码了解如何利用星巴克的一次性咖啡杯制作一盆属于自己的盆栽，如图 2-15 所示。

图 2–15　星巴克盆栽

这个由韩国星巴克发起的利用一次性咖啡杯 DIY 盆栽的游戏，迅速风靡全球，吸引了 51 个国家的 9.7 亿人的参与。在这个活动中，星巴克与消费者就环保问题达成了共识，也让消费者看到了星巴克在承担社会责任方面做出的努力，向消费者传递了一个正面积极的企业形象。

游戏化思维让品牌更具“人情味”，促使企业和消费者从简单的“交易关系”转变成了深层次的“情感联系”，为企业的发展提供了强大助力。

2.3.5　龙珠直播：培养玩家的打赏习惯

LOL 游戏曾在成立 4 周年之际，安排自己的品牌代言人周杰伦进行了一场游戏直播首秀。LOL 选择了腾讯旗下的直播平台——龙珠直播作为本次首秀的地址。这场游戏直播异常火爆，直播不到十分钟，人数就已经飙升到了 200 多万。腾讯视频的官方表示：“当晚在线观看人数总共达到了 1700 万，如此庞大的观看人数甚至让龙珠直播的服务器都瘫痪了。”

这场游戏直播的影响力远远超乎人们的想象，#周杰伦直播 LOL#、#周杰伦 LOL 直播#成为新浪微博的热门话题，且话题阅读量在一日之内就突破了 1 亿人次。

这场游戏直播的背后有多个受益方，LOL 在这场直播中借助周杰伦的明星效应开发出众多的潜在用户，而周杰伦也通过这场直播树立起了一个“亲民”的明星形象，提升了自己的影响力，但是最大的受益方还是龙珠直播平台。

因为作为这场游戏直播的独播平台，龙珠直播成功借助周杰伦 LOL 直播活动增加了自己的曝光度，获得了 1700 万人的关注。仔细观察就会发现，龙珠直播能够取得巨大宣传效果的根本原因还是在于其用游戏化思维做营销，具体做法如下。

1. 开发电竞直播，吸引观众

电竞本身是游戏的一种衍生品，那么将电竞与直播结合在一起，就会同时具有娱乐和竞技的双重属性。龙珠直播与许多电竞企业都有过合作，它拥有《英雄联盟》职业联赛、《穿越火线》职业联赛等超过 30 款游戏赛事的直播权。在这些游戏中，很多游戏都属于现象级产品，如 LOL 游戏。据早期数据显示，LOL 的全球日均用户达 2700 万以上，月均用户在 6700 万以上，用户同时在线记录达 750 万。

龙珠直播平台举办 LOL 游戏直播必然会吸引游戏玩家前来观看。玩家用户在观看游戏直播时会有很强的代入感，即便只是观看也能够同样体会到游戏的乐趣，同时，在观看游戏直播时，玩家用户还能够学到许多竞技技巧。具有大量观看人数的游戏直播可以得到更多玩家的打赏，周杰伦 LOL 直播使龙珠直播平台获得了巨大的打赏量和一批忠实玩家用户。

将直播平台同游戏进行绑定，可以增强用户对平台的黏性，从而保持用户数和打赏流水的常年稳定。

2. 直播本身自带游戏化元素

龙珠直播的成功在一定程度上得益于直播本身自带的游戏化元素。在直播平台上有一个典型的游戏化元素就是“送礼榜”，用户可以在观看直播时向主播送上鲜花、汽车、游艇等虚拟礼物。

同时直播平台中还设有送礼的实时排行榜，用户在打赏中可以提升自己的账号等级从而获取一些特权。这样的机制很容易激发人们的攀比心理，用户在攀比心理的驱使下会主动打赏主播。还有直播中的弹幕，用户通过弹幕可以与主播和其他用户进行互动，让整个观看过程充满乐趣。

龙珠直播平台在游戏化思维的影响下，成功培养了一批稳定的、形成打赏习惯的忠实用户，龙珠平台依靠这种娱乐化方式逐渐解决了变现难的问题。

中篇
游戏化营销设计框架

第3章

前期准备

在设计游戏化营销前，首先要进行前期准备工作。企业要明确营销的活动目标，然后针对目标组织策略，目的是让用户沉浸在营销活动中，从而达成营销任务。除此之外，企业还需要一些契机，如果外界暂时没有合适的契机，企业也可以主动创造契机来为营销造势。

3.1 游戏化营销的四大商业目的

企业在进行游戏化营销时，必须要先明确营销的目的，比如为了提高品牌知名度、提升市场占有率、维持市场份额等。明确目标可以帮助企业在设计营销活动时更加具有针对性，可以帮助企业顺利完成目标。

3.1.1 打响品牌知名度

游戏化营销可以助力企业打响品牌知名度，帮助企业将品牌的核心内涵传递给消费者，让企业形象更加深入人心。

马牌轮胎是世界三大顶级轮胎制造企业之一。由于马牌轮胎进入中国市场的时间较晚，因此其品牌的知名度与米其林轮胎存在着明显的差距。为了扭转这一情况，马牌轮胎借助“世界杯”这一活动开展了一次极具趣味性和互动性的游戏化营销。

马牌轮胎是世界杯赞助商之一，在 2014 年世界杯开始之前推出了“德国马牌球神争霸”系列体验活动。中国球迷的基数十分巨大，为了体现诚意，马牌轮胎特邀了中国著名球员徐亮一同进行体验活动的开启仪式。

马牌轮胎同时利用了线上线下两个渠道，先后推出了传球王接力赛游戏、FIFA 足球互动机和 FIFA 世界杯主题派对等活动。

马牌轮胎首先在官方网站和微信公众平台上推出了一款名为“谁是传球王”的世界杯足球接力游戏，消费者可通过这个游戏赢得积分并凭借积分兑换奖品，随着世界杯的临近这个游戏会进入第二阶段，在这一阶段“传球王”将有机会变成“点球王”。

在推出游戏的同时，马牌轮胎还在上海商圈的部分写字楼门前摆放了两台带有自动售货功能的“足球互动机”。消费者可以使用手机和屏幕进行互动，完成射门游戏的消费者就有机会赢得对应金额的世界杯纪念品。最后，在世界杯决赛阶段，马牌轮胎还推出了一个 FIFA 世界杯主题派对，在这个活动中球迷们将有机会同国内著名球星一起在酒吧里畅聊有关足球的话题。

马牌轮胎的足球游戏营销活动举办得十分成功。其实早在 2006 年，马牌轮胎就开始了世界杯赞助活动并且连续赞助了三届世界杯，这使得马牌轮胎深受全球各地球迷的认可。在 2014 年的巴西世界杯之后，马牌轮胎为了在亚洲获得更大的市场，签约赞助了 2015 年的澳大利亚 AFC 亚洲杯，这让无数中国球迷为之兴奋。

在这个营销案例中，马牌轮胎除了与足球协会合作进行跨界营销外，还借助官网和微信公众平台增加了公司的曝光度。在举办的“马牌球神争霸赛”活动中，利用积分和奖励等游戏化元素成功吸引了众多消费者的参与，在拉近品牌与消费者之间距离的同时，还将马牌轮胎的品牌精神传递给了消费者。

3.1.2 提升市场占有率

面对品牌繁多的产品市场，游戏化营销可以在较短的时间内使消费者对品牌产生好感和信任感，拉近产品与消费者之间的距离，使产品在消费者中形成良好的口碑，进而提升产品的市场占有率。

尤其对于一些新生代品牌来说，采用游戏化营销的方式可以增强他们的竞争实力，为品牌在市场上赢得一席之地。

一叶子是韩束化妆品有限公司旗下的一个独立品牌。该品牌于 2015 年推出了面膜产品，当时的面膜市场竞争十分激烈，但是这个新兴品牌并没有退缩，而是选择了强势进攻。为了进一步提升产品的市场占有率，一叶子采用了多种营销方式，并展开了全渠道发展的战略布局，其中就包括游戏化营销的手段。

2016 年一叶子为其品牌代言人鹿晗打造了一个百万级别的线上“生日趴”（生日聚会），很明显这个“生日趴”其实是借助鹿晗的影响力展开的一次营销活动。

一叶子在活动期间推出了一个“为鹿晗攻占天猫”的 H5 互动小游戏，“粉丝”（fans 的音译，意为追星的人或群体）可以通过这个游戏帮助鹿晗成为第一个拥有天猫定制庆生动画的明星，而且参与这个游戏的“粉丝”还有机会获得一叶子准备的精美礼品，如图 3-1 所示。一叶子将明星效应同游戏化元素结合在一起，取得了令人满意的效果。这个游戏的总互动量超过了 77 万次，一叶子的天猫旗舰店也凭借这次活动迎来了首次销售高潮，在活动期间销售额突破了 720 万元。

图 3–1　“为鹿晗攻占天猫”H5 游戏

有了这次成功的经验，一叶子在开展游戏化营销活动方面更加得心应手。在由一叶子冠名的《我想和你唱》节目播出期间，一叶子将手淘中的“摇一摇”放到了电视节目中。观众在观看节目时，可以打开手机中的淘宝软件，利用“摇一摇”功能进入一叶子的官方旗舰店，花费一分钱获得面膜礼盒。之后在《火星情报局》第二季播出期间，作为冠名商的一叶子又采取了类似的方式，它将每期节目的话题热词变为一个淘宝密令，观众只要在淘宝上搜索这个密令，就能够花一分钱抢一叶子面膜。

一叶子面膜用这种带有娱乐性和互动性的营销方式，很好地展现了自己的品牌定位、品牌内涵和品牌诉求，与年轻的观众进行了有效而深入的沟通，让众多消费者看到了这个年轻品牌的潜力。就这样，一叶子面膜凭借游戏化营销的方式在竞争如此激烈的面膜市场中杀出了一条血路。

3.1.3 维持市场份额

如今，经济发展越来越快，除了肯德基、麦当劳这样的老牌快餐品牌之外，也有很多新品牌不断进入中国市场，为了更好地维持现有市场份额，并且将其不断扩大，麦当劳、肯德基都开始纷纷将营销模式游戏化。

早在 2008 年，麦当劳的营收额就开始停滞不前。据统计，在 2011 年的麦当劳月度就餐人数中，19～21 岁的消费者减少了 12.9%。如何挽回年轻消费主力成了对麦当劳的一个极大的考验。为了解决这一问题，麦当劳的 CEO 唐•汤普森设立了数字中心，打算用新的营销模式及体验来吸引年轻的消费群体。

2014 年，暴雪推出《魔兽世界》的新资料片“德拉诺之王”，并且与麦当劳展开了两个品牌之间的首次跨界合作。麦当劳在北京、广州、上海各有一家魔兽主题的餐厅。在主题餐厅里，装潢风格一改明亮的黄红相间，取而代之的则是魔兽的暗色系风格，除了专门的魔兽手办展示，餐厅内还挂出了《魔兽世界》中名人的相框。

麦当劳为此还推出了两款以魔兽命名的套餐，消费者购买任意一套魔兽套餐都会获得一张积分卡，玩家可以用积分卡到魔兽游戏里进行各种礼包的兑换。麦当劳积分卡如图 3-2 所示。

图 3–2　麦当劳积分卡

2015 年，麦当劳再次与暴雪合作，为《风暴英雄》的面世进行宣传。消费者在某些主题餐厅订购麦当劳套餐时，可以看到扮演成《风暴英雄》中某个角色的送餐员来送餐。

2017 年，麦当劳更是和风靡一时的网络小说《全职高手》动画版进行联合，全职高手爱好者可以从各个麦当劳店看到全职高手的元素。麦当劳还推出了全职高手的麦乐卡，在《全职高手》动画中植入了一家杭州的麦当劳店，而这间麦当劳门店的麦乐卡销售量是预计的几倍之多。

在 2017 年 7 月，麦当劳的销售额同比增长 6.6%，消费者人数同比增长 3%，终于为多年变革交上了一份满意的答卷。

2015 年，肯德基也开始与游戏进行跨界合作。肯德基选择时下热门竞技游戏《英雄联盟》作为合作对象，肯德基在推出“英雄联盟”主题套餐之外，还推出了限量闪卡，闪卡内是限量的英雄皮肤，让玩家在线下吃肯德基，线上“用”肯德基。

2018 年，肯德基与《荒野行动》合作，这是肯德基首次开放了新春档的合作。在这次合作中，“荒野行动”活动覆盖了全国 5000 多家肯德基门店，并且有 17 家主题门店。《荒野行动》游戏无论是手机还是电脑都可以玩，受众相对来说会更广，网易官方也透露，《荒野行动》的人气超过了 2500 万。

肯德基除了为“荒野行动”玩家提供了“开黑”（多指玩游戏时，可以语音或面对面交流）圣地，还推出了“荒野行动”的主题闪卡。在17家主题门店中，消费者可以通过店内活动获得一些奖品，还有机会和暴走漫画主编王尼玛及网络主播周二珂一起“开黑”玩“荒野行动”。

为了更好地维持市场份额，企业在营销方式上会不断地进行革新，目的就是更有效地吸引那些已流失的或者未接触到的人群，从而维持甚至扩大市场份额。

3.1.4　找到新的购买意向

游戏化营销的另一目的就是帮助企业寻找到新的购买意向。游戏化营销更加符合当下年轻消费者的审美需求，它能以游戏的方式充分调动起人们的情绪，让大家在游戏的过程中形成对品牌的认可。同时一个真正有意思的营销游戏会让用户主动对其进行传播，他们会通过各种社交网站，将这个游戏分享给自己的好友。这种利用消费者进行的“二次传播”有着非常大的影响力，它可以让更多人认识到这个品牌，为企业带来更多的潜在顾客。

普通消费者对于高端品牌向来是望而却步，一方面高端品牌的价格并不是所有人都能接受的，另一方面高端品牌总是自带高冷气质，他们推出的广告虽然也很精美，但是很难同消费者产生互动，久而久之消费者就会跟这些品牌产生一种疏离感。

许多高端品牌也意识到了这一问题，于是他们开始尝试用消费者熟悉的方式去包装内容，让消费者同品牌进行一次真实的交流。

赫莲娜是欧莱雅集团下的顶级化妆品品牌，赫莲娜率先意识到高端品牌要想吸引到更多的消费者，就必须走下神坛，打破传统的硬广告投放形式。于是，赫莲娜开始尝试用游戏化的方式传递品牌的最新讯息和活动。

赫莲娜曾在新年伊始，开展了一个为用户送“赫”礼活动，他们在微信上推出了一个有趣的接宝小游戏，用户只需在赫莲娜的官方微信号中回复“我爱HR”即可参与到这个“赫”礼活动中来，用户通过游戏可以领取到赫莲娜最新推出的极致修护晚霜体验装。同时用户将这活动分享给自己的好友，就可以获得更多的游戏机会和神秘礼品。用户在游戏过后可以得到一个能够进行身份识别的兑换二维码，凭借这个二维码用户可以在线下专柜领取到自己获得的奖品。

赫莲娜借助游戏化思维将这次活动办得十分具有趣味，礼品的设置让活动更加具有诱惑力。这个活动在提升品牌知名度的同时，还诱导用户将游戏分享出去，进一步提升了用户量。同时赫莲娜还将线上活动同线下实体店结合起来，形成了完整的O2O闭环，给企业带来了更多的消费者。

赫莲娜利用游戏化元素，提升了品牌的传播速度，让企业寻求到更多具有购买意向的消费者。

3.1.5 亿滋借力促巴卡，打造“融情时刻”

促巴卡是一家专门从事游戏化营销的广告公司，该公司注意到了游戏化营销的发展前景，将创新的游戏化模式同大数据结合起来，为企业提供了一种更有效、更有趣的广告形式。

2016年10月，亿滋中国与促巴卡达成合作，共同推广旗下的妙卡巧克力产品。促巴卡为妙卡定制了一个“融情时刻”小游戏，在全国122个城市1000家大卖场内安装了促巴卡体验站。顾客可以同自己的伙伴一起在促巴卡体验站上用手指相交制作出一块妙卡巧克力，与此同时促巴卡还邀请所有参与这个游戏的顾客拍下属于自己的“融情时刻”照片，上传至社交媒体与自己的好友进行分享。

亿滋中国联手促巴卡推出这次活动主要有两大目的，一方面巧克力并不是生活必需品，经数据显示只有2%的人会在进入超市后走到巧克力货架的旁边，因此他们希望通过这种方式引起消费者对妙卡巧克力的关注，用游戏化的方式促使消费者产生购买行为。另一方面他们希望让消费者了解到妙卡巧克力的制作过程，将“融情时刻”这个概念传递给消费者。

妙卡在产品附近放置了“悦时光”体验站，消费者可以通过这个互动小游戏了解到妙卡巧克力的三种核心原料，知道妙卡巧克力的奶源是来自阿尔卑斯山的纯正奶源。同时妙卡还将品牌的核心精神传递给了消费者，让消费者带着这种品牌精神继续进行购物。最为重要的是，促巴卡还为妙卡巧克力提供强大的数据支持，妙卡可以在体验站中推送消费者问卷，收集消费者对于品牌的看法和意见，进一步完善自己的品牌。

事实证明，这次活动的确取得了非常好的效果。在“悦时光”体验站放置初期，有 1000 万人在体验站体验时间达到 1.5 分钟，有 500 万人在体验站完成了“十指相交”的活动。而在体验站放置后期，每个月依旧会有 1500 万人在“悦时光”进行体验，而且消费者主动参与的互动体验会为妙卡带来更高的用户转化率和更多的忠实用户。

通过妙卡这个案例，我们可以发现游戏化营销的功效要比传统的电视广告强得多，它可以让消费者的注意力完全集中到游戏中来，帮助企业达成多个商业目的。

3.2 达成目标不可或缺的四大元素

想要达成目标，往往需要一个噱头。这个噱头是一个引子，它的出现将会为营销进行前期造势，从而达到一呼百应的效果。本节会通过事件元素、空间元素、传播元素及群体元素这四个元素对案例进行分析。

3.2.1 事件元素：通过何种事件关联产品

在我们的生活中经常会出现很多热点事件、热点话题。这些热点事件和话题往往会吸引到非常多的人的关注。如果能将游戏化营销同这些热点事件结合起来，就可以达到事半功倍的效果，为企业节省很多的精力和成本。

每一年的高考都会吸引很多人的关注，一加手机在高考恢复 40 周年时，与新世相合作开展了一次“重回高考”的活动。

一加和新世相先是举办了一个十分有意思的线下活动，他们在高考结束后的第一天，就在公众号上发布讯息，邀请“粉丝”重新参加一次高考，再做一遍当年的高考题。为了让活动更具真实感，他们还专门请来了监考老师、阅卷老师和保安，让他们一起来重现高考的场景。

消息发布后，有 1000 多名“粉丝”报名参与了这个活动，最终活动组从这 1000 多名“粉丝”中选取了 67 个人到北京市某一学校现场参加了考试。由于现场的还原度很高，这让很多“粉丝”从开考到结束心情一直很激动。

线下活动虽然成功，但是它不能让每一个人都参与进来，于是一加和新世相又推出了一个极具创意的线上 H5 小游戏。

用户在点开这个 H5 小游戏后，会出现一份装有试卷的档案袋，用户在填写好自己的姓名、省份、文理科和考试年份等信息后，点击“确定”就可以获取自己当年考试的那套题了，如图 3-3 所示。这个 H5 小游戏上线仅 3 天，就迎来了 100 万人的参与和分享。

图 3–3 “重回高考”H5 页面

一加和新世相联手推出的这个活动之所以能够成功，离不开高考这个大背景。因为高考是我们很多人的青春回忆，是我们人生中一个重要的拐点。一加开展这次活动的目的，更多的是要帮助大家找回当年那个敢于奋斗拼搏的自己，向大家传递一种“不将就”的精神，而这种精神恰巧也是一加对自己产品的要求。

一加很好地将高考这个事件与自己的产品关联起来，让整个游戏化营销变得更加生动，更加契合大众的想法，轻而易举地同大众达成了情感上的共鸣。

要想将游戏化营销同热点事件更好地结合起来，我们还需要注意以下两个问题。第一，注意事件与产品的关联性，不要将两个毫无关系的东西生硬地结合起来，那样只会模糊消费者的关注点，无法真正让消费者注意到你的品牌。第二，在关注事件的同时也要注重创意，事件只是游戏化营销成功的一个辅助性元素，创意才是游戏化营销成功的关键。

3.2.2 空间元素：何种地点、时间、热点

在正确时间发布正确的广告才是企业营销成功的关键。那么怎样才算是正确的时间呢？下面让我们具体来看一下。

1. 在固定的节日，做游戏化营销

节日营销是很多企业都会做的，但很多企业在做节日营销时都是循规蹈矩，毫无新意可言，久而久之也就很难吸引到人们的注意了。所以在节日期间采用游戏化营销可以让企业彰显出自己的个性，大放异彩。

海尔社区曾在情人节的时候推出了收集海贝的活动。海贝可以用于在海尔社区进行商品的兑换，海尔会在社区内某些帖子正文下面放置一个宝箱，用户看到宝箱之后就可以进行领取，每名用户在每个宝箱帖只能收集一次宝箱，每个宝箱里都有 50 海贝作为奖励。另外，前五名集齐所有宝箱的用户还将会得到海尔社区提供的大量海贝作为奖励。

除此之外，海尔社区还有大量的活动，包括回复帖子、分享情人节的回忆或者说出准备如何度过这个情人节等，都可以获得海贝。

海尔社区的这个情人节活动不仅调动了用户在社区内的活跃性，而且用可以兑换商品的海贝作为奖励，让用户在参与活动的时候可以得到实质性的奖励，从而刺激用户的参与意识。

2. 在品牌的专属节日，做游戏化营销

很多大企业都会打造自己的专属节日，在这个节日中他们会推出一系列的活动来吸引消费者。企业在自己的主场做游戏化营销是再合适不过的了。

1 月 10 日的“买手扫货节”是唯品会推出的一个促销活动，为了得到更多消费者的关注，唯品会在这次活动中加入了游戏化营销的手段。唯品会在活动期间推出了一款《买手特工的诞生》小游戏，这款游戏向消费者传达了许多与买手相关的信息。逗乐、搞怪的问答方式也引来了众多网友的参与和扩散，在朋友间发起了一场有关买手的知识竞答活动，如图 3-4 所示。

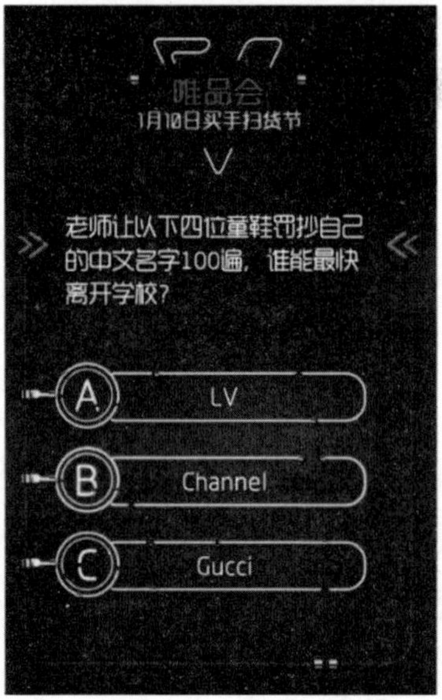

图 3–4　唯品会《买手特工的诞生》

同时唯品会还在买手节期间邀请到了很多时尚界的 KOL（关键意见领袖），消费者可以向他们询问自己在生活中遇到的一些时尚问题，同他们进行交流讨论。

唯品会用游戏化营销方式加深了消费者对于这个活动的印象，在引导消费者购物的同时还与他们进行了深度的互动，让消费者享受到了由时尚带来的喜悦，建立了消费者与品牌之间的情感联系。

3.2.3　传播元素：何种形式、渠道

选择正确的传播渠道可以帮助品牌增加曝光率，提升传播速度。游戏化营销也是一样，如果没有一个好的传播渠道，即便创意做得再好也很难引起他人的关注。

1. 线上开展游戏化营销

互联网可以说是游戏化营销的首选渠道。在互联网上做游戏化营销可以涵盖更多的用户，而且也可以让游戏的形式变得更加丰富。

2016 年 7 月 8 日，新世相与航班管家 APP 联合举办了一场“逃离北上广”活动，这次活动可以说是一次“现象级”的事件，其成功点在于活动开始前先在微信公众号“新世相”上预热。在 7 月 7 日这天，新世相打破原来的推送习惯，先在

晚上 21:28 推送了一篇名为《我刚刚决定不结婚了——18 个说干就干的故事，和 18 个想逃逃不掉的故事》的文章，如图 3-5 所示。

该预热文章讲述了 18 个说干就干的故事，和 18 个想逃逃不掉的故事，以对比的方式激发读者的情绪，让读者参与本次活动的欲望最大化，从而为第二天的活动提供足够的动力支持。

7 月 8 日早上 7:59 时，新世相又发布了一条名为《我买好了 30 张机票在机场等你：4 小时后逃离北上广》的图文消息，如图 3-6 所示。

图 3–5　“新世相”微信公众号 7 月 7 日推送文章页面

图 3–6　“新世相”微信公众号 7 月 8 日推送文章页面

此外，《我买好了 30 张机票在机场等你：4 小时后逃离北上广》文章中还详细介绍了活动的内容：

从当天上午 8 点—12 点，参与者只要赶到北京、上海、广州 3 个城市的机场，就可以获得一张往返机票，这张机票可以带参与者飞往一个美好的目的地。此外，这场活动还有 300 元的酒店补贴。

此次活动内容发布之后，许多北上广的青年踊跃报名参与。

有关“逃离北上广”活动的参与流程与注意事项如下所示。

（1）到达北上广三个城市的机场。

（2）关注“新世相”微信公众号，然后回复“逃离北上广”就可以获得机场准确集合地点。这里需要注意的是，参与者必须要用跑的姿势到达机场，否则就无法知晓自己的飞行目的地。

（3）新世相和航班管家的工作人员已经在机场等候，必须顺利拿到30 张飞往未知的国内旅行目的地的机票。北京14 张，上海、广州各 8 张。

（4）前 30 名赶到机场的参与者可以获得这张机票。如果需要，新世相可以给参与者的老板拨打电话请求假期。

（5）活动时间：2016年7月8日上午8:00—12:00，两天后返回。

（6）通过新世相微博后台获取机场集合地点，系统也会依据先到先得的原则，给最先回复的人发送集合地址，这是为了避免聚众而引发的安全隐患。

（7）参与者可以通过平台实时查询已出发人数和集合地点。

（8）此次活动可以通过独家支持平台“一直播”APP观看，3个直播间分别是：新世相、新世相上海直播间、新世相广州直播间。

（9）此刻做自己的主，说走就走。

此次的游戏化营销选择借助微信公众号和微博话题引爆的方式，促成活动的圆满完成。从活动曝光开始，一个半小时后公众号图文阅读量达到10万+，三个小时后，阅读量超过百万，公众号“涨粉”10万。

微信公众号在良好的生态下，为自媒体提供了绝佳的生存与商业化空间，如今，它已经成为各个自媒体运营的宝地。同时这种线上营销方式更加简便，在一定程度上可以帮助企业降低宣传成本。

2. 线下开展游戏化营销

“五月花”卫生纸曾经开展过一个以“卫生纸作画”为主题的活动，大胆地将中国传统的水墨画同卫生纸结合起来。活动当天，五月花邀请到了一百位绘画爱好者，现场在卫生纸上完成了“百人千鱼图”，如图3-7所示。

五月花的这次活动让更多的人见证到了其产品柔滑、强韧、湿水不破的优良品质，同时这次活动以中国传统的水墨画作为主题，很好地让消费者看到了这个中国品牌的大胆与创新精神。

图 3-7 “百人千鱼图”绘画过程

五月花的这次活动是一次典型的线下游戏化营销案例，消费者以作画的方式直接参与到活动中去，在作画过程中感受产品的质量。

在线下开展游戏化营销的好处是它可以让消费者与品牌产生更加亲密的互动，给消费者留下更加深刻的印象。但是这种方式也存在着很多局限性，一方面受时间和地域的限制，它无法让所有人都参与进来，另一方面在线下进行的游戏化营销往往还需要借助其他的传播渠道进行二次传播，这在无形中就增加了企业的成本。

企业可以根据自己的实际情况和开展游戏化营销的目的去选择适合自己的传播渠道，以达到最好的传播效果。

3.2.4 群体元素：营销人群画像

所谓人群画像就是指将用户信息标签化，利用大数据将消费者的社交关系、偏好习惯和消费行为等信息抽象出来，精准地把握用户的需求。企业在做游戏化营销时，也应该要形成一个营销人群画像，这可以帮助企业快速圈定自己的目标用户，进行更为精准的游戏化营销推广。

游戏化营销的趣味性和创新性更加符合当下年轻消费者的口味，所以当企业将年轻消费者定为自己的主要销售人群时，不妨试一试游戏化营销的方式。

枣夹核桃是休闲零食品牌百草味主推的一款产品，但是传统的“红枣夹核桃”让很多的消费者觉得这款产品很无趣。为了摆脱枣夹核桃在消费者心中形成的老化印象，让更多的年轻人爱上这款产品，百草味发起了一场“全民抱一抱”活动。

百草味借助品牌代言人杨洋的影响力，号召所有的年轻人给自己的家人、爱人和朋友送上一个简单的拥抱，如图 3-8 所示。

图 3–8　百草味推出的“全民抱一抱”活动

百草味的这次活动之所以能得到很大范围的传播，其中很重要的一点就在于该品牌很好地抓住了年轻消费者的心理，在游戏化营销的过程中投其所好。百草味在活动中选取了当下年轻人最为关注和最受欢迎的社交方式——直播平台来作为传播的重点渠道，同时百草味还借助了杨洋在年轻消费者中的影响力，让消费者心甘情愿地购买商品。

百事可乐曾经推出过一款无糖的低卡路里可乐，不过这类改良的可乐在味道上很难被所有的消费者喜爱。于是百事可乐很快将自己的目标消费者锁定为那些减肥人士和热爱健身的人士。在确定好目标消费者后，百事可乐便开始在营销手段上下功夫了。百事可乐将原本普通的饮料瓶身设计为一个哑铃的形状，瓶子的中间很细，两头比较大。当消费者喝完瓶子里的可乐后，可以在瓶子中装满水和沙子，将其“DIY”成一个健身用的哑铃，如图 3-9 所示。

图 3–9 百事可乐的“哑铃瓶”

百草味和百事可乐都很好地抓住了目标消费者的心理，有针对性地设计了对应的游戏化营销方案，成功地赢得了消费者对商品的喜爱。

3.3 帮助实现目标的四大策略

在确定目标之后，为了更好地实现这个目标，企业要适当地运用一些策略。本节将会从探险精神、成就实现、社交需求及竞技精神这四个方面进行介绍，企业可以通过本小节的四个策略来对目标活动进行有针对性的塑造。

3.3.1 探险精神：尝试未知的世界

为什么我们玩游戏的时候会上瘾，总是在通过一关后迫不及待地进入下一关呢？这在很大程度上与人们的探索精神有关，人们在玩游戏时面对的是一个完全未知的情境，在这种情况下人们会在好奇心的驱动下急切地想要去了解后面发生的事情。在把握了人们的这种心理后，我们在做游戏化营销时可以考虑植入一些能够诱发消费者去探索的元素。

天猫曾在“88 会员节”到来之前，推出了一款 H5 小游戏“密室逃脱之神秘后台”，给大家带来了一次与众不同的体验，如图 3-10 所示。

图 3-10 “密室逃脱之神秘后台”H5 小游戏

用户点进游戏后会先进入一个神秘的化妆间，整个化妆间空无一人，再加上忽明忽暗的灯光和诡异低沉的背景音乐，瞬间就将用户带入了游戏的场景之中。用户需要在这个化妆间中找到线索，成功逃脱出去。

当用户从化妆间逃脱后，就会进入到下一个关卡。这个关卡的场景是一间导播室，与上一关的玩法一样，用户需要继续在房间内寻找线索。

当你收集到的线索越来越多时，你会离真相越来越近。直到用户打开保险箱，找到那张藏在信封里的天猫优惠卡和海报时，整个游戏就算成功了。

很明显，这个游戏完全是天猫为“88 会员节”策划的一波福利推广，有关“88 会员节”的广告会以碎片化的形式植入到游戏中去，例如在游戏中用户会看到暗指会员日时间的带有唇印的纸片，还有指向阿里会员尊享演唱会的荧光棒等。

天猫推出的这款 H5 小游戏很好地将密室逃脱、悬疑和游戏交互等元素融合在了一起，让玩家在游戏的过程中体验到了趣味性和悬疑感。并不复杂的游戏规则也不会让用户选择在中途退出。

天猫在这次营销中用一款密室逃脱小游戏牢牢地抓住了人们的眼球，用一个一个的谜团唤起了用户的好奇心，让他们主动投入到游戏当中去寻找答案。天猫在潜移默化中，将这次营销的关键信息传达到了用户的脑海中。

3.3.2 成就实现：获得心理满足

在游戏化营销中我们要尽可能地带给用户一种成就感，让他们感受到自己的价值。让用户在参与营销游戏的过程中产生成就感，可以进一步加深用户对产品的好感。

健身 APP 在最近几年很是流行，这些软件的出现为人们提供了一种更为便捷的健身方式。但健身本身就是一件十分痛苦的事情，很多用户即便下载了软件，使用的频率也不会很高。为了提高用户对软件的使用频率，这些 APP 都会用一些带有激励机制的游戏化元素，让用户在健身的过程中产生成就感。下面我们来看一下这些健身 APP 具体是如何做的。

1. 打卡签到

Keep 是一款带有社交属性的健身工具类产品，Keep 上的打卡方式将产品和运营两个部分结合了起来。比如当用户完成了一组跑步的训练，软件就会对用户的跑步过程进行分析，在数据分析完成后软件会引导用户将其分享到 Keep 的社区，这些分享到社区的动态会收到很多人的点赞或者是评论，这些点赞和评论实际上是对用户的一种变相的鼓励，让他们感到自己非常厉害，从而激励用户继续坚持下去。

除此之外，Keep 为了提升用户的活跃度，还经常会策划一些十分有趣的话题活动。如图 3-11 所示，Keep 用“跑步打卡”的话题激励用户发布打卡动态，分享跑步给自己带来的变化。在分享过程中，用户可以看到健身给自己身材带来的变化。

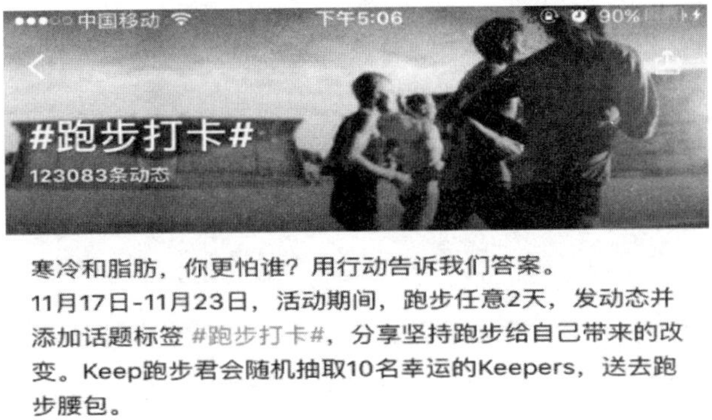

图 3-11　Keep 的“跑步打卡”活动

2. 勋章和等级制度

勋章和等级制度都是软件为了激励用户而设立的，用户要想获得勋章，就必须先完成系统设置的各项任务。软件会将勋章划分为不同的类型，包括普通型勋章、活动型勋章和稀缺型勋章。其中普通型勋章的获取方式比较简单，只要用户完成单次的训练就能够得到一块普通型勋章。当普通型勋章积累到一定程度时，用户可以用其兑换到一块稀缺型勋章。活动型勋章一般是在用户参加了特定的活动后获取的。越是稀缺的勋章用户就越想得到，用户会为了勋章努力地完成各项任务。

图 3–12　咕咚 APP 中的等级制度

同样，等级制度也会对用户产生很好的激励作用，咕咚 APP 就在自己的产品中加入了等级制度，咕咚会将用户运动的时间累计下来，根据运动时间为其匹配相应的等级。用户运动的时间越长，运动等级也会越高，如图 3-12 所示。

勋章和等级制度可以作为一种身份的象征，是用户长期坚持运动的一个凭证，它可以让用户感到更有成就感，从而有动力继续投入到运动中去。

有些健身软件也会在线上或线下发起一些活动，让用户在完成活动的过程中产生一种成就感。咕咚 APP 就曾发起过一个“成都女子，半程线上马拉松”活动。这个活动分线上和线下两个部分，其中线上的这部分主要是针对那些无法来到成都参加比赛的马拉松爱好者。用户在活动页面报名后，需要一次性完成指定的里程数，成功的用户可以获得一块“成都女马”的奖牌。

就这个活动来说，首先，跑完马拉松本身就是一项比较艰巨的任务，其次，完成任务后奖牌的发放也会对参与者产生一定的刺激，在这种双重激励下，参与者的成就感也会变强。

消费者在营销游戏中获得成就感，并且感到更加充实和满足，这样更有助于企业顺利地达成商业目的。

3.3.3　社交需求：寻找志同道合的人

社交是人们的基本需求之一，在马斯洛的需求层次理论中，社交需求仅仅次于人的生理需求和安全需求。在营销游戏中加入社交属性，可以帮助企业实现更好的传播效果，让更多的人了解到你的活动和产品，提升品牌曝光率。

蚂蚁森林是支付宝客户端为首期“碳账户”设计的一款公益活动。用户可以在蚂蚁森林上选择自己想要种植的树苗，例如梭梭树、沙柳或樟子松等。选好树苗后，接下来就需要用户自己来收集能量了。用户可以通过运动步数、网络挂号、网络购票和绿色办公等形式获取“绿色能量”，然后用这些“绿色能量”来培育自己的树苗。

当这棵虚拟的树苗长大后，蚂蚁金服就会同“阿拉善 SEE 基金会”一起在沙漠地区种下一棵真实的树。蚂蚁森林上线仅半年时间，用户就已经超过 2 亿人。现在，蚂蚁森林上平均每天可以种成 5 万～6 万棵虚拟树苗。

蚂蚁森林活动成功的关键就在于其社交功能的开发。蚂蚁森林中的能量收集规则表明，好友之间可以相互浇水来收集能量，同时为促进用户之间的竞争，用户还可以“偷取”好友的能量。这种玩法跟当年的“偷菜”游戏很相像，很多用户在了解了这个活动的公益性质后，会带动自己的好友也加入进来，而“偷取”能量的玩法则会让用户和用户之间产生大量的互动，极大地提升了用户的活跃度，如图 3-13 所示。

图 3–13　好友互动

在以前，好友之间使用支付宝，更多的只是为了转账，除了这种日常的金钱往来之外，基本不会产生更多的互动。蚂蚁森林的推出很好地改变了这一现象，它在增进好友之间的互动的同时，还提高了人们使用软件的频率，增强了用户对于软件的黏性。当然蚂蚁森林最为重要的社交战略，其实是在社交导流方面，它在一定程度上带动了支付宝其他功能的使用，增加了支付宝的使用人数。

3.3.4 竞技精神：力争上游，不甘人后

我们在玩游戏时经常会看到一个界面上面显示着“您已经击败百分之几的玩家”，很多游戏都会以这样的方式去激发玩家的胜负心，让他们继续投入到游戏中。大部分的玩家都希望自己能够在游戏中获胜，超越别人，因为这是对自己能力的一种认可。所以带有竞技元素的营销游戏更容易吸引人们的参与，帮助企业顺利达到目的。

1. 排行榜

营销游戏中排行榜的设置可以让用户看到自己的排名和积分，激起他们的好胜心。好强的人总是会想各种办法让自己一直处于领先地位。

Autodesk（欧特克）是一家软件设计公司，他们在一次研究中发现，如果一个用户在软件的免费试用期使用频率达到 3 次以上，那么这些用户在未来购买其软件的可能性就会更大。为此，Autodesk 在设计其软件时加入了游戏化的元素，当用户完成了软件给出的虚拟任务后，其用户名就会出现在软件中的排行榜上，位列第一名的用户可以获得相应的奖励。在这种方式的刺激下，Autodesk 的用户增加了 54%，转化率增加了 15%，同时在营收上也增加了 29%。

Autodesk 用排行榜的方式，吸引人们使用软件。用户在使用软件的同时，会更加深入地了解到软件的功能和优势，从而帮助企业提升用户转化率。

2. 升级机制

几乎每一个网络游戏中都会包含升级机制，玩家会在这种升级机制的刺激下，深深地迷恋上游戏。玩家之所以会对升级这么上瘾，最重要的原因就在于游戏等级越高，所能够享受到的待遇就越高。同时游戏等级高，也代表着玩家的能力比较强。

航空公司经常会借助这种等级机制来维护自己的顾客。得克萨斯航空公司在 1979 年时就提出了一个飞行常客奖励计划，乘客们可以将自己的行程累积起来，用累积的里程来兑换机票或者航空公司提供的其他服务。

这种升级机制能够让用户感觉到优越感，人们会在升级机制的诱惑下，帮助企业达成营销目的。

营销游戏中排行榜和升级机制的设计都是为了唤起人们的竞争意识，让人们在好胜心的驱动下投入到营销游戏中，从而使得企业顺利地实现自己的商业目标。

第 4 章

营销游戏设计

在了解了游戏化营销的目的及方法之后，就可以进入营销设计环节了。这个环节将会先从各种游戏模型对用户产生的激励进行分析，然后用不同类型的案例进行拓展，最后将营销游戏中的一些设计技巧进行总结、提炼。

4.1 可玩性游戏模型

游戏化营销一定要具有可玩性，如果让用户觉得十分无聊，那么企业在将用户转化为活跃用户的过程中就会流失很多用户。一个具有可玩性的营销通常具备四个特性，除此之外，用户在活动中能获得良好的反馈对于一个营销活动也是至关重要的。

4.1.1 趣味性：享受乐趣，不受功利性束缚

趣味性是我们在设计营销游戏时必须要考虑的因素之一，没有趣味性的营销游戏是很难吸引人们来玩的。我们应该打造出一个轻松愉快的环境，让品牌与受众在游戏中产生更深层次的互动和感情沟通，让受众在体验游戏乐趣的同时自觉地接受品牌的信息和主张。

酷狗直播为了推广其“2017 酷狗直播年度音乐盛典”活动，专门制作了一个 H5 小游戏。酷狗直播先是用“毛不易盛典神秘失踪”“巨星失联”等标题引起大家对这款 H5 小游戏的关注，随后游戏交代了毛不易“失联”的原因是由于毛不易为

备战“2017 酷狗直播年度音乐盛典”而睡过了头。游戏先是以第一视角营造出了一个有趣的场景，在给用户带来良好视觉体验的同时还唤起了人们的好奇心。

在故事背景交代清楚后，酷狗直播以一个时光机道具的设定开启了用户与毛不易的一场专属穿越之旅，让用户帮助毛不易准时登台。

这款 H5 用密室逃脱的悬疑玩法，成功地勾起了用户想要挑战的欲望，在游戏中用户需要去寻找散落在房间不同角落的线索，并凭借线索给出的提示与毛不易展开对话。为了让游戏给用户带来更好的体验，酷狗还在这个 H5 小游戏中增加了全景技术，场景的真实感能够很好地将用户带入到游戏中，给用户带来一种身临其境的感觉，如图 4-1 所示。

图 4–1　游戏中全景技术的运用

酷狗直播的这款 H5 小游戏设计得十分巧妙，在“密室逃脱”线索的设置上既不会太简单也不会过于复杂，适合各个年龄段的用户，完全不会让用户感到无聊。不仅如此，这款游戏还将游戏场景同营销内容很好地贯穿在了一起，将酷狗的超级 K 歌机和多型号酷狗音像变为解救环节的一部分，巧妙地将产品与游戏融合在了一起，让用户了解到这个品牌的成长与变化，如图 4-2 所示。

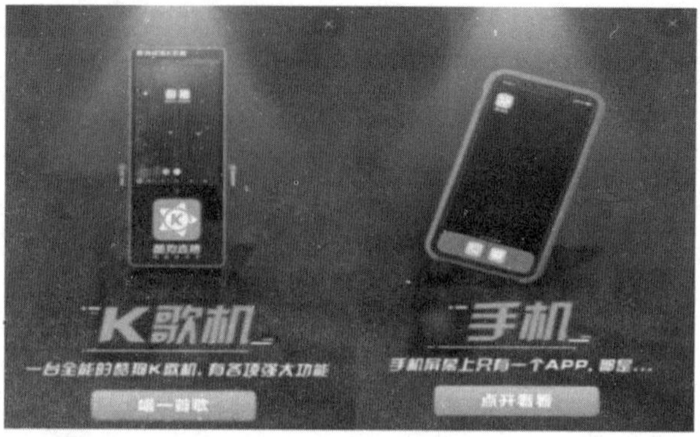

图 4-2　酷狗将产品与游戏巧妙地融合

酷狗推出的这款营销游戏很好地站在了用户的立场去思考问题，有趣的场景设计会带给用户更加轻松愉悦的体验，在这种情绪的带动下用户会产生急切的分享冲动，从而促使这款 H5 小游戏得到更为广泛的传播，最终形成话题，让更多的人了解到这个活动，颠覆了音乐盛典的传统玩法。

酷狗的这个案例提示我们，在设计营销游戏时一定要把趣味性摆在第一位，不要带有太强的功利性。只有将商业目的同游戏巧妙地结合起来，才能达成理想的效果，否则将适得其反。

4.1.2　挑战性：有一定难度，能破解

人们生来就带有面对挑战、解决问题的特质，人们希望在挑战中证实自己，获得他人对自己的认可。因此我们需要在设计营销游戏时，为消费者设置一些合适的挑战任务，用这些富有挑战性的元素去激励用户采取行动、执行任务。同时为了提高挑战效果，我们还需要采取一些奖励机制，以奖励来诱惑用户更好地完成挑战。

《和班尼特福迪一起攻克难关》是一个单机游戏，在这个游戏中，玩家利用鼠标来对班尼特福迪的锤子进行操控。当玩家快速点击、滑动鼠标的时候即可以让锤子完成一些动作，以此来帮助班尼特福迪不断地向山峰移动，如图 4-3 所示。

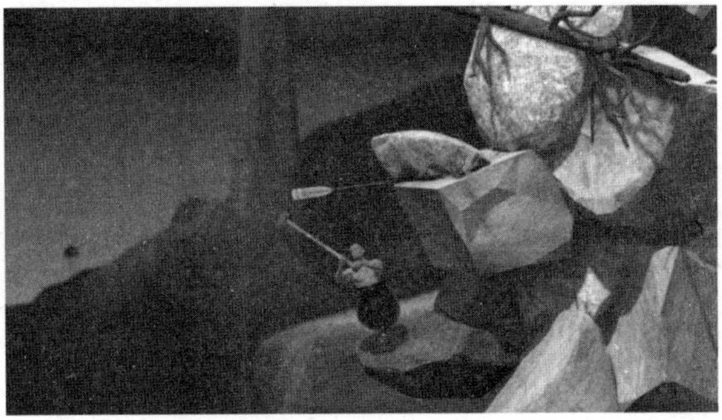

图 4–3　《和班尼特福迪一起攻克难关》游戏

这个游戏操作方式十分简单，但是还是具有一定的操作难度。在游戏中，班尼特福迪会遇到陡峭的峭壁、高大的房屋、坡度很大的山坡等，玩家可能会因为一个微小的失误而前功尽弃。因为班尼特福迪在游戏中不会因为意外坠落而死亡，所以当玩家不慎使班尼特福迪从山上跌落也不会结束游戏。

如果说《拳皇》里的“game over”会刺激玩家，引起玩家的竞争心理的话，那么在班尼特福迪这款游戏里是没有这种“外界刺激”的。跌落下来之后没有“game over”，没有减少生命值，在这款游戏中除了玩家登上顶峰，在其余的时候是什么都没有的。

但是这种无声的挫败感也是很多玩家迷恋它的原因。这款游戏最初在韩国的直播平台上大火，很多主播都在直播玩班尼特福迪，其中有一名主播连续 14 个小时在玩这款游戏，该主播因一些奇怪的游戏漏洞而不得不重新开始，这也没能磨灭他想要登上顶峰的愿望。紧接着这款游戏也在中国的直播平台上大火，各大游戏、娱乐主播开始加入了“爬山之旅”。

从心理学方面分析，难度越大的挑战，带给用户的正反馈也会越强烈。而班尼特福迪除了用高难度来刺激用户之外，还打破了常规思维，用没有“game over”、只有从头再来的方式不断强化玩家的挫败感，以使玩家在登上顶峰的时候获得更大的成就感。

尽管班尼特福迪这款游戏很难，但是当玩家对其熟悉之后还是可以比较容易地登上顶峰的，在有玩家以 2 分 59 秒快速通关的情况下，依旧有人以 2 分 42 秒的成绩刷新了最快纪录。这样可完成的目标会刺激还没有通关的玩家，使这些玩家在这款游戏上投入更多的时间和精力。

诸如此类的高难度挑战游戏还有很多，如《Mount Your Friends》《超级颠球》等，这些游戏都因超高的挑战性而备受人们欢迎。这些游戏的共同特点就是游戏机制极其简单，但是操作难度极其之高。这也是最通用的一种有效刺激玩家挑战性的方式。

4.1.3 竞争性：有排名，给人成就感

人们之所以会对游戏感兴趣，最关键的因素就在于游戏在设计时牢牢地把握住了大部分人的心理动机，而成就感就是很多人都具有的一个心理动机。

许多游戏都会设有排名系统，在排名里面可以看到玩家的战绩、分数、等级等信息。在进行游戏的时候大概没有什么比获得更好的名次、更高的分数更能让玩家兴奋的事情了。著名心理学教授 Kenneth Locke 曾表示："我们是社交动物，我们所有行为的意义都源自我们同他人的关系，社会比较无处不在。测试或游戏中的分数鲜少具有客观意义。相反，它们的意义源自我们的分数同他人分数所存在的关联性。"

用《Flappy Bird》举例。《Flappy Bird》是一款比较困难的游戏，但是这款游戏操作十分简单，很多用户在下载这款游戏并尝试几次之后会很快放弃，因为这款游戏的真实操作与理论操作并不太相符。在玩家的理解中，只要控制小鸟飞过管道就算过了一关，但实际上操作中并没有这么容易。而这样一款高难度游戏又是如何荣登苹果软件商店榜首的呢？

当玩家在通过两根管道、多次尝试都未能通过第三根管道的时候就开始对游戏失去兴趣了，但是如果玩家发现其他人甚至无法顺利通过第二根管道的时候就会对游戏产生莫大的兴趣。这样的排名刺激来源不是在于通过管道会获得什么样的奖励，而是在于人与人之间产生的竞争性，在竞争中获胜的人首先会在心理上得到满足，也就是所谓的成就感和自豪感。

2017 年苏州"太湖国际马拉松"于当年 12 月盛大开跑。整个马拉松分为全程马拉松、半程马拉松和迷你马拉松三个项目。马拉松对于苏州市来说，逐渐变为参与人数最多的群众体育项目，苏州"太湖国际马拉松"也慢慢成了苏州市的

形象载体之一。

这次的苏州“太湖国际马拉松”参与人数创造了苏州马拉松参赛人数新高，达到了 3 万人；参加的选手年龄覆盖面也极广，从小学的学生到退休的老人都有；并且这次马拉松选手更是来自各国各地，如美国、意大利、德国等。

这次马拉松从狮山广场起跑，途径高景山、白马涧龙池、大阳山国家森林公园等多个景区，终点为苏州的高新区文体中心。

中国的参赛选手孙玲弟以 2 小时 28 分 35 秒的成绩获得了这次马拉松男子全程赛冠军，李文杰以 2 小时 46 分 17 秒的成绩获得女子全程赛冠军。另外，来自肯尼亚的约翰·罗迪希·米泰与来自埃塞俄比亚的梅里尼·马塞芮分别获得半程赛的男女冠军。

这次公益性的马拉松让很多马拉松爱好者参与其中，最后的冠军角逐也是十分激烈的，在男子全程赛中前三名分别是中国选手孙玲弟、埃塞俄比亚选手 Yilma Gurara、中国选手祝柯柯，最后身穿红色运动衣的孙玲弟率先冲过终点，夺得第一。

在进行比赛的时候赢得比赛的竞争心理往往超过了比赛本身，排名或许对于用户没有实际意义，但是一种实力的肯定，会更加容易激发用户的挑战心理。

4.1.4 阶段性：层层推进，一级升一级

我们在设计营销游戏时，应该让游戏具有阶段性。阶段性的设置可以让游戏层层递进，避免游戏中的千篇一律。同时不同的阶段也会带给用户不同的体验，让用户在不同阶段的诱惑下坚持完成游戏。

每一年的跨年演唱会都是各大卫视展现自己的绝妙时机，跨年演唱会对他们来说不仅仅是为了营利，更为重要的是提升自己的竞争实力。跨年演唱会所取得的收视率和话题度，都是卫视实力的展现，好的收视率会给卫视带来更多的广告和招商资源。面对如此激烈的竞争，各大卫视在每年的跨年演唱会中都会采用很多不同的办法。

比如湖南卫视，在 2018 跨年演唱会中，湖南卫视以 10%的市场占有率，以及 2%的直播关注度一举夺冠。2018 年湖南卫视的主持人阵容依旧是以何炅、汪

涵为首的快乐队和天天队，这样的经典阵容让用户慢慢成了习惯，除了熟悉的主持人外，湖南卫视还凭借自身的号召力在各大卫视陆续开播的时候率先突破 2%的收视率，如图 4-4 所示。

频道	直播关注度	市占率
1. 湖南卫视 "快乐中国"2017–201…	2.1016%	10.0404%
2. 北京卫视 中央台新闻联播	0.7441%	3.5548%
3. 东方卫视 梦圆东方–2018东方卫…	0.6450%	3.0815%
4. 浙江卫视 花谢花飞花满天 50	0.4897%	2.3396%
5. 江苏卫视 2018江苏卫视跨年演…	0.4444%	2.1233%

图 4–4　演唱会开始时的关注度及市占率

在节目开始，由狮子合唱团先进行暖场，而后是汪峰、韩红、周笔畅等实力唱将与影视明星献唱穿插进行，到晚上 9 点的时候湖南卫视的收视率再次率先突破 5%。歌手罗志祥的上场，把湖南卫视的收视率推向了 5.6%的最高点，罗志祥串烧了《Only You》《爱投落网》和《够了》三首歌曲，唱功和舞技折服了一干观众。罗志祥将演唱会氛围推向了高潮，后面的林忆莲、华晨宇、谭维维、田馥甄等依靠顶级唱功持续热度，然后再由新生代的 TFBOYS 进行缓冲，最后在《快乐出发》中结束这一次精美绝伦的演唱会。

演唱会以唱功为首。在演唱会的开始和前期穿插老牌唱将，无论是喜欢影视人气小生的观众还是专注于音乐的观众都能得到满足，从而继续选择在湖南卫视进行观看。在演唱会达到高潮的时候，各大实力唱将纷纷出场，一首接一首的经典曲目让观众沉浸其中，《快乐出发》响起的那一刻就像春晚的《难忘今宵》一样具有标志性。湖南卫视也很好地融合了大部分人的偏好，将整个演唱会的起承转合衔接得十分完美，最后使得这个跨年演唱会在收视和关注度等多方面登顶。

《开心消消乐》也是利用层层推进的方法让玩家对游戏爱不释手的。这款游戏每一个大阶段都由 10～20 个小关卡组成，在每一个大阶段里的小关卡都是由易到难，所有阶段也是由易到难，玩家在玩的时候会按照游戏的设定循序渐进，在突破阶段的最后一个关卡之后马上就会接触到新鲜的玩法，这样既不会因为游戏难以通关而被玩家放弃，也不会因为游戏过于简单而使玩家觉得无聊。这样层层递进的设计效果促使玩家继续玩下去，从而形成一个良性循环。

层层推进的方式关键就在于把握好了整个事件的起承转合，为什么人们在读完经典文章或名著之后都会有一种畅快淋漓的感觉？就是因为这些文章的起承转合顺畅而自然，文章紧紧地把握住了读者的节奏，让读者渴望知道下一步的剧情发展，从而引导读者继续读下去。这样设计的层层递进方式也会牢牢抓住消费者的心理。

4.1.5　结果反馈：可量化、可视化

游戏最吸引人的一点就在于经验、等级、战斗力等系统的可视化，玩家可以通过进度条、数值来准确得知自己的角色在游戏中所处的位置。可视化给了玩家明确的方向，让玩家在升级、换装备的时候有一个确切的目标，而不是盲目地进行。

例如，《守望先锋》中英雄查理娅的输出伤害会随着能量增多而变高，查理娅每一次攻击的时候都有可能会获得一定的能量，当能量达到一定数值的时候伤害就会发生质变。

《星际争霸 2》中神族先知是一个需要能量才能释放技能的单位，当玩家使用先知进行骚扰的时候可以根据先知上方的能量条来观测还有多少能量，如果先知只有很少能量，那么飞到对方家中也无法产生过多的骚扰。这个能量预估也是双向的，当玩家看到对方先知来进行骚扰的时候也可以对这个先知的能量进行预估，如果是没有能量的先知飞到基地中，那么这只是对方为了分散火力而制造的假象，一旦玩家分兵进行回防就很有可能被对方一举攻破。

《英雄联盟》的火爆在于这款游戏的认知反馈非常完美。玩家在初次游戏的时候就可以通过简单有效的教学步骤快速识别并且很好地掌握技能的使用方法。

大型网络游戏因为囊括了很多任务、活动、玩法等，所以其认知过程会相对复杂，但是游戏厂商会利用正反馈机制来为玩家搭建游戏的认知过程，从而让玩

家更加快速地理解游戏中的规则。

反制机制通常用于 pvp 即玩家与玩家之间的对抗活动中。反制机制可以有效增加游戏的可玩性，玩家可以在对战过程中见招拆招，以此来获得胜利。

比如《炉石传说》游戏中，当对方存在 4 个或更多的随从牌的时候，“精神控制技师”可以随机在对方的随从牌中控制一个，以此来打破对手占绝对优势的局面。

延时预判反馈即游戏中常称的弹道效果。当角色使用某一技能的时候就会有一个技能释放的过程，玩家可以根据“释放技能—完成动作—技能伤害效果释放”这样一个时间差来进行技能或伤害的规避。

《魔兽世界》中的副本 Boss 就大量地运用了延时预判，当 Boss 释放某个技能的时候一定是有征兆有预警的，玩家可以根据这样的现象来进行规避。同时预判也是一个双向技能，这个常见于 pvp 活动。

例如《星际争霸》中，人族玩家会生产地雷单位，一个地雷可以进行四次引爆，当地雷埋到地上的时候对方是无法看到的，一旦对方操控的兵种走进地雷范围就会被地雷炸到，同时地雷也就现形了。地雷的伤害还是很高的，所以神族玩家在进攻的时候通常会使用追猎单位进行试探性的攻击，如果前面埋有地雷，那么就会出现一根红色的线连接单位与地雷，这个时候神族玩家可以操控追猎单位使用闪烁技能，就可以在让地雷现形的同时成功规避掉地雷所带来的伤害。

权利反馈体现在玩家与对手之间的影响。经典的《拳皇》以 ACT 游戏深受玩家喜爱，当对手被玩家进行连招的时候，对手难以规避这种伤害，因为这个时候对手的角色是受玩家的 ACT 支配的。权利反馈在设计的时候要尤为注意尺度，因为过多、过大的权利有可能会造成一些职业的不平衡，进而影响玩家的游戏体验。

4.1.6 直播送礼榜：利用 PBL 即时反馈系统

中国的直播最初发展于 YY，后来慢慢出现了各大直播平台。据统计，2015 年中国的直播平台达到 200 个，直播平台的用户为 2 亿人，2016 年直播平台用户达到 3.25 亿人，到 2017 年用户人数还在增加但是步调已经相对变缓。

直播平台兴起的原因之一就是科技的发展。随着智能设备的普及，进行直播与看直播都变得异常容易。在此基础之上，直播平台中还设置了 PBL 系统，即 Points、Badges、Leaderboards，分别是点数、徽章及排行榜。这三个系统的设置不仅让主播的直播变得积极，更让主播的“粉丝”变得激动起来。

“粉丝”会用礼物、热度来帮助喜欢的主播登上排行榜，让进入直播平台的用户都能在热度榜上看到自己喜欢的主播。除了热度之外，“粉丝”还格外钟爱给喜欢的主播送礼物，据统计，2017 年斗鱼直播新晋主播阿冷仅仅直播了 6 个月，就一举拿下斗鱼年度礼物收入排行榜第一的宝座，收入超过 2000 万元。

通过直播平台，“粉丝”可以更加真实地接触到喜欢的主播。因为直播的不确定性，所以主播也无法提前进行演练，而这样真实的效果正是“粉丝”想要看到的。为了让喜欢的主播获得更多的荣誉，在各种年度收入排行榜中不难发现，在举办年度盛典的时候，“粉丝”为主播送礼物的行为已经达到了近乎疯狂的状态。所以，在直播平台中排行榜不仅是主播获取更多的“粉丝”，更是“粉丝”拉动主播流量的重要因素之一。

PDD 是熊猫直播平台的一名“英雄联盟”主播，PDD 曾因事停播了一个月，再次回归后，直播了 3 小时所获得的礼物收益为 6.3 万元，在当日礼物排行榜排第五位，直播时的直播间人气达到了 640 万人，热度可以说是平台第一。

熊猫直播慢慢开放了自定义的徽章功能，每一个主播都可以设置自己的“粉丝”徽章。当用户选择佩戴徽章之后，不论用户在哪个直播间进行留言，在用户的 ID 前面都会显示特有的徽章。

在熊猫直播中每个主播的直播间都有一个“身高”。身高的增长依靠主播获得的竹子数及礼物数，不同价格的礼物会按比例折算为相应的身高。当主播的竹子长度达到 0.97、1.96 等接近升级的数值的时候，“粉丝”就会显得比主播还要激动，这个时候“粉丝”就会疯狂地给主播送竹子、礼物，让主播快点进入下一个等级。

当红人气小生王源曾多次在“一直播”进行直播，王源仅仅进行了 24 分钟的直播，但是观看人数却已破千万，更有数万条的留言。在直播的时候王源明确禁止了“粉丝”的送礼物行为，所以在礼物榜上并没有排名。

一直播的雷涛曾表示明星直播的流量与系统压力都是巨大的，在 2016 年的某个明星公益活动中，一直播甚至出现了宕机状况，而宕机的原因就是流量过大，超过了阿里云的上限，这是此前从未遇到过的状况。

4.2 营销游戏的六大类型

游戏化营销类型和游戏类型一样，是多种多样的，企业可以根据产品属性来为产品定制合适的营销模式。本节会列举营销游戏的六个类型，根据这六个类型搭配相应的案例做进一步分析。

4.2.1 故事和事件型

这一类广告通常都会有一个独特的故事背景，用一个有意思的小故事将人们带入进去。故事和事件型的广告紧紧把握住了消费者的心理，将产品巧妙地与故事场景融合在了一起，让营销游戏变得更具真实感，消费者会在故事情节的带动下主动参与到营销游戏中。

网易新闻曾发起过一个“中国守艺人”的纪录片征集活动，为了更好地推广这个活动，网易新闻专门制作了一款营销游戏，希望能够让更多的人参与进来。

这款营销游戏的主题是“雍正去哪了”，游戏一开始以讲故事的方式介绍了游戏的背景：一天上朝时雍正皇帝无故缺席，引发了大臣们的热议，这时太监小盛子突然想起皇帝平时酷爱微服私访，于是便出宫寻觅皇上，如图 4-5 所示。

图 4–5 《雍正去哪了》故事化场景

整个游戏以此为背景，以“太监小盛子”寻找偷溜出宫的“雍正皇帝”为游戏的线索。在游戏过程中会穿插一些有关民间文化艺术知识的问答，用户在正确回答这些问题后，才会获得线索最终寻找到皇帝，如图 4-6 所示。

图 4–6　《雍正去哪了》游戏界面

网易新闻并没有将这次活动的目的很明显地在游戏中表示出来，直到游戏的最后才引出网易新闻对“中国守艺人”活动的宣传。但是如果我们仔细观察的话，我们会发现网易新闻在游戏的过程中增加了许多与“中国守艺人”有关的元素。例如用户可以在游戏过程中看到打铁的铁匠、编竹篮的竹器制作人还有制作瓷器的匠人等，这些场景的植入可以让用户更好地了解到我国的民间技艺，为之后所要公布的活动打好铺垫。

网易新闻将营销的目的很好地贯穿在了游戏之中，营销中的故事化场景让整个游戏充满了趣味，用户会想要随着故事的发展去一探究竟。这一类型的营销游戏可以带给用户更加完美的体验。

整体上来说，这一类型的营销游戏可以带给用户更加完美的体验。但是在具体设计这类游戏时我们还需要注意几个方面的问题。

1. 注意故事与产品的相关度

想要将故事和产品很好地融合在一起，就必须保证产品和故事有很大的相关性。我们的最终目的是要让用户通过这个故事，了解到我们的产品和服务。在保证这个大前提的情况下，进一步完善游戏中的情节。

2. 故事不要太过于离奇

营销游戏中故事背景的创作一定要以消费者为中心，过度离奇的故事情节会让消费者感到不切实际，降低消费者对产品的信任度。

4.2.2 智慧挑战型

这一类的营销游戏经常会利用一些小困难和微挑战来吸引消费者，消费者会在克服困难完成挑战后产生成就感，从而加深对品牌的印象。

在泛娱乐化时代，越来越多的品牌会选择和综艺节目合作，在综艺节目中植入自己的广告。六个核桃十分明智地选择了《向上吧！诗词》这个综艺，成为该节目的独家冠名商。

《向上吧！诗词》作为益智类节目，一经播出就受到了很多观众的喜爱，这也为其独家冠名商六个核桃赢得了极好的口碑。不过仅在电视节目中进行植入，很难给消费者留下深刻的印象。为了加深大家对品牌的好感度，六个核桃设计了一款诗词接龙类的 H5 游戏，借助节目《向上吧！诗词》的热度，持续向消费者灌输品牌的核心竞争力。

在这个游戏中一共有初级、中级、高级和超级四个接力单元，每一个单元都包括六道诗词题目。玩家只有在答对当前题目的情况下，才能进入到下一题目，答错即游戏结束。连续通过四个单元的题目，才算正式完成游戏。玩家在答题时累计的时间会计入游戏时间排行榜，用时越短，排名越靠前。排名前 10 位的玩家可以获得奖励。

六个核桃推出的这个 H5 游戏兼具娱乐性和挑战性，玩家需要利用游戏中给出的单字，拼出完整的诗句，这种带有一定难度的玩法，让很多玩家欲罢不能，他们甚至还会在朋友圈向自己的好友发起挑战，把更多的人带入到这个游戏中来，如图 4-7 所示。

智慧挑战性的营销游戏更能够调动起人们参与的热情，让消费者快速长久地记住品牌信息，有助于企业更好地塑造自己的形象。

图 4–7　六个核桃 H5 游戏界面

4.2.3　情感表达型

情感表达型广告更加注重消费者在情感方面的诉求，这类广告不仅能将产品的属性传递给消费者，还能在消费者与产品间建立起情感联系，与消费者达成共鸣，增加产品的附加值。下面来看一下如何把营销游戏打造成情感表达型，如图 4-8 所示。

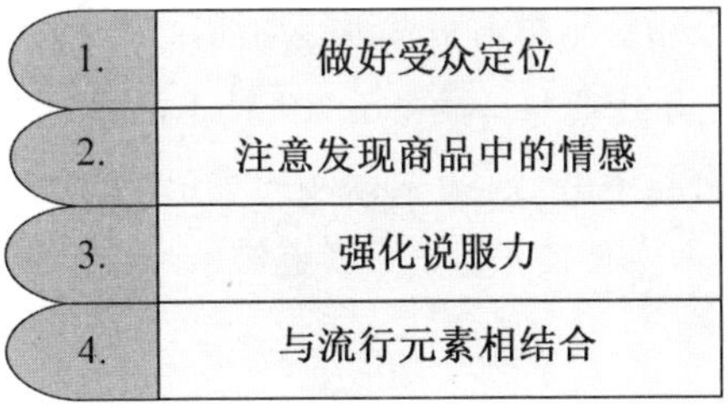

图 4–8　情感表达途径

1. 做好受众定位

不同的目标受众可能会有着完全不同的情感需求，因此在开发这类营销游戏前我们首先要做的就是选定自己的目标群体。在设计营销游戏时要抓住目标受众的心理特征，制订出有针对性的营销策略，让营销中所运用的情感元素与消费者达成共鸣。

2. 注意发现商品中的情感

我们在做营销时要注意发现商品中的情感，并将这种情感传递给消费者，让消费者感受到商品的价值，刺激消费者进行购买。

3. 强化说服力

尝试去丰富广告的表现形式，让营销更加具有感染力和说服力，满足消费者情感方面的需求。运用不同的手法，强化营销中的亲和力和感染力，让广告变得更具吸引力，赢得更多的消费者。

4. 与流行元素相结合

流行元素具有十分强烈的时代风格，更能够引起消费者的关注。在营销中适当地运用这些流行元素，可以提升广告的效果，给消费者留下更深的印象，形成良好的品牌体验。

农夫山泉曾同网易云音乐展开过一次跨界合作，联合推出了合作限量款“乐瓶”。他们从网易云音乐上精选出了 30 条评论，印在了 4 亿瓶农夫山泉的瓶身上，在北京、上海、南京等 69 个城市和京东超市上售卖。

农夫山泉的这一产品可以说是“未卖先火”，其印在瓶身上的每一条评论都是从网易云音乐中点赞数最高的评论中精选出来的，每一条都包含着消费者共同的情感体验，农夫山泉用音乐与消费者进行沟通，让喝水这一日常行为更加具有情感魅力。同时农夫山泉还在瓶身运用了 AR 技术，消费者在用网易云 APP 扫描瓶身后，手机界面就会显示出一个非常浪漫的星空，消费者可以随机点击画面当中的星球查看随机乐评，AR 技术给消费者提供了一次全新的瓶身玩法，如图 4-9 所示。

农夫山泉和网易云音乐联合推出的“乐瓶”以真情实感打动了消费者，每一条乐评都能激起消费者的情感共鸣，让消费者感慨过去的农夫山泉是有点甜，乐瓶推出后，农夫山泉不仅有点“甜”而且还有些“酸”。农夫山泉和网易云音乐借助这次合作，让消费者看到了他们丰富鲜活的品牌形象，实现了内容产品从达成情感共鸣到冲破流量瓶颈的转变。

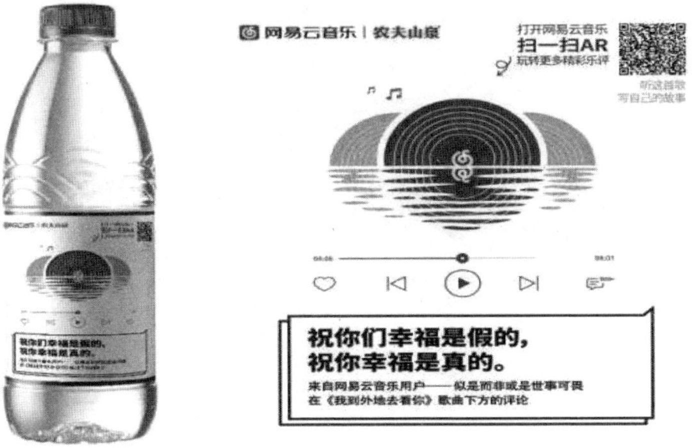

图 4–9 农夫山泉联手网易云音乐打造的“乐瓶”

4.2.4 DIY 型

DIY 是现下非常流行的一种游戏化营销方式。现在的年轻消费者都十分追求个性，面对市场上千篇一律的产品，他们早已提不起兴趣，而 DIY 可以让他们充分发挥自己的想象力，亲自动手做出自己想要的东西。更为重要的是人们会在 DIY 的过程中感受到乐趣和成就感，让原本单调的购物行为变得丰富多彩。

现在已经有越来越多的企业看到了 DIY 的发展前景，在生产原有商品的同时推出 DIY 服务，以此来满足消费者多样化的需求。

优衣库是一个日本的服装品牌，它所制作的营销方案每次都会让人眼前一亮。在 DIY 如此盛行的当下，优衣库推出了一款名为 UTme 的手机 APP。这款 APP 为消费者提供了定制化服务，消费者可以通过这款 APP 设计出一件独一无二的 T 恤，如图 4-10 所示。

软件给消费者提供了三种设计方式，即拍照、字体编辑和自行绘画，消费者可以将这三种方式组合起来，在 T 恤上粘贴各式各样的图案，随意涂鸦。在设计过程中消费者还可以通过“摇一摇”的方式获得诸如切割、混合等效果。消费者设计完成后，将图案上传至网站就可以购买了。

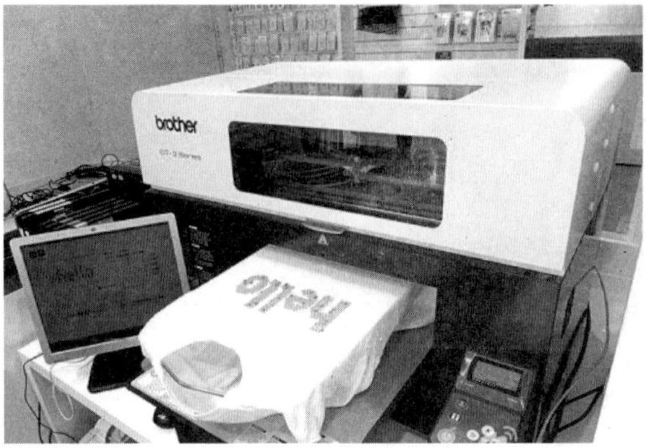

图 4–10　DIY 衣服定制

优衣库将 DIY 同移动媒体结合起来，让更多的人参与进来。参与者完全不需要拥有多么深厚的设计功底和艺术造诣，即使是闭着眼睛摇晃手机，最终都能设计出一件非常完美的 T 恤。优衣库的 UTme 软件操作方式十分简便，消费者通过这样的方式可以将自己极具个性的一面展现出来，打造出自己的专属 T 恤。

对于消费者而言，DIY 早已成为一种娱乐消遣的方式。DIY 服务提供的不仅仅是商品，更重要的是能够提供给消费者一种寄托情感的方式，让消费者产生成就感和不可复制的体验感。

4.2.5　娱乐型

美国的娱乐经济大师迈克尔 • 沃尔夫说过："在这个快速消费的年代，消费者的喜好在不断改变，如何才能吸引消费者的注意呢？获得消费者的注意力后企业又该做些什么来提高产品价值，使产品更具吸引力呢？答案只有八个字：'娱乐内容'或'娱乐要素'。"

如今的消费者每天都会面临很多压力，娱乐型的营销游戏可以让消费者获得良好的体验，不会让消费者产生抵触的心理。娱乐型的营销游戏可以给企业带来很多好处，它可以帮助企业在短时间内提升知名度、推广新产品、提升消费者对品牌的满意度、增强企业的竞争实力。现在越来越多的企业都采用这种方式来推广自己的产品。

《纪念碑谷》是 USTWO 公司在 2014 年推出的一款解谜游戏，玩家需要在游戏中完成各项任务，帮助沉默公主艾达走出纪念碑迷阵，奇幻美丽的游戏画面和 3D 立体的视觉效果让越来越多的人爱上了这款游戏。

在华为 Nova2s 发布会上，华为正式宣布和《纪念碑谷 2》达成合作，开展了一系列的推广活动，如图 4-11 所示。

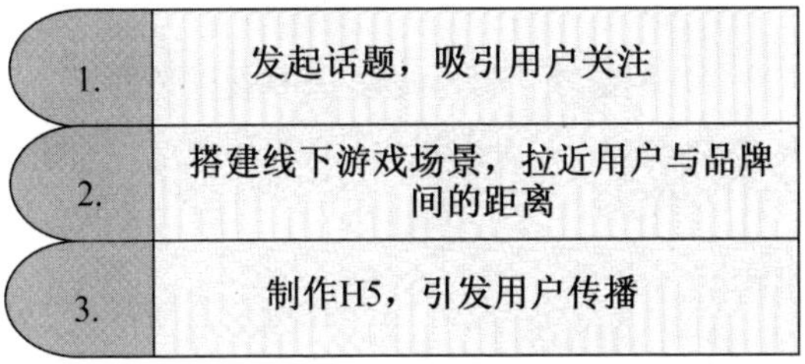

图 4–11　推广活动过程

1. 发起话题，吸引用户关注

“纪念碑谷 2”的官方微博发布话题#我的心世界颜色#，让广大的用户为游戏中 9 个不同的场景颜色命名。随后华为的官方微博以转发的方式，介绍了自己最新推出的五款手机产品的配色。华为通过转发“纪念碑谷”的微博成功地将纪念碑谷的“粉丝”带入到自己的圈层，在避免“粉丝”反感的同时还鼓动大量的“粉丝”参与其中。这种话题征集的方式可以让品牌更具亲和力，进而巩固品牌与用户之间的关系。

2. 搭建线下游戏场景，拉近用户与品牌间的距离

华为和“纪念碑谷”将游戏中的场景搬到现实中来，打造了 5 座各具特色的城堡。美轮美奂的场景设计，让每一个前来的人都忍不住驻足观看，华为还在城堡中内置了 AR 拍照的自拍换背景功能，让用户更好地去体验华为手机的拍照功能，很好地迎合了当下年轻人的兴趣。这种线下场景的搭建增强了品牌的参与感，给消费者创造了一个轻松、愉快的体验环境，让用户自发地将活动传播出去，最终实现事件的发酵，引来更多用户的关注。

3. 制作 H5，引发用户传播

华为和“纪念碑谷”制作了一款测评类 H5，他们将游戏中的 18 种颜色赋予了新的含义，并将这些颜色同华为手机的 5 款配色巧妙地结合起来。最终这些色

彩含义会作为测试的结果展示给用户。这种交互式的小测验能够吸引用户参与进来并带动二次传播，让用户主动将这个 H5 测评分享到自己的社交软件中，让用户营销用户，让用户对品牌留下深刻的印象。

除了上述的这些推广活动外，华为还将全国 200 多家手机体验店设计成了“纪念碑谷”主题形式，并在体验店的手机上安装了《纪念碑谷 2》的游戏，用户可以现场试玩。

华为和“纪念碑谷”的这次营销运用了很多娱乐性的元素，更加讨年轻人喜欢。让用户在娱乐的过程中感受到了品牌的温度和深度，加强了品牌与用户之间的情感联系。

4.2.6 知识学习型

知识学习型主要是借助学习和分享来进行营销的，学习和游戏并不是对立的两件事情，将游戏和学习结合起来可以让学习变得更加有趣，让更多的学生爱上学习。

“懂你英语”是一个基于 AI 技术的移动英语课堂，它运用游戏化思维将课程设计成了类似游戏的闯关模式。用户在刚开始的时候需要做一个 5 分钟的英语水平测试，这个功能的设置十分游戏化，即便用户没有购买课程的意愿，也可以用这个测试来检验一下自己的英语能力，这样的方式会为企业发掘出很多的潜在客户，如图 4-12 所示。

图 4–12　“懂你英语”推出的英语水平测试

“懂你英语”还有一个比较特别的地方，就是它的课程可以像游戏一样随时存档，当你开始学习时，课程中会显示你学习的进度条，用户可以随时存档退出，然后利用自己的空余时间继续学习后面的内容。

课程当中设置的闯关内容十分丰富，比如用户在角色扮演部分，可以和 AI 系统模拟真实对话，极具真实感。用户只有在完成一张卡片上的所有内容后才能进入到下一关，每一关结束后都会用星星来评价用户的完成水平。要想将一张卡片中的 24 颗星星全部点亮，也是有一定难度的，这很像游戏中排位赛的玩法，很多用户为了集齐星星会不厌其烦地去闯关，如图 4-13 所示。

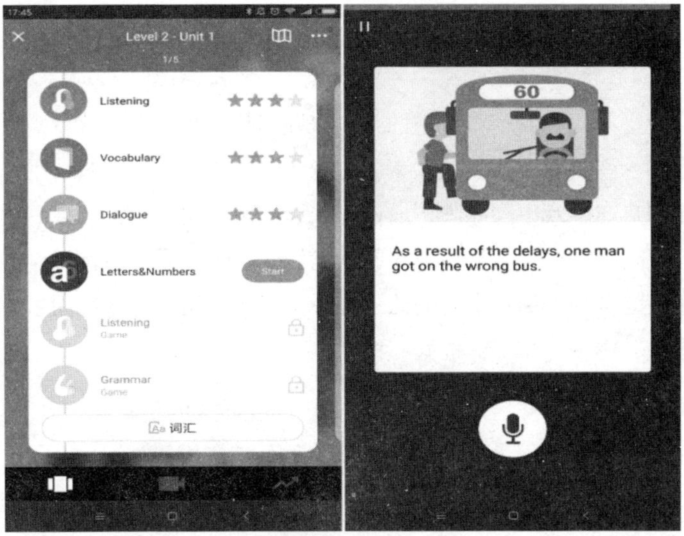

图 4–13　“懂你英语”中的闯关机制

除此之外，该课程还会组建打卡战队群，在战队教练的带领下，每三个人组成一个战队，战队中的成员会相互督促学习打卡，确保用户每天都能按时完成学习任务。同时课程中还设有金币奖励机制，用户的学习成绩越好，获得的金币就会越多，这会帮助用户形成自觉学习的好习惯。

游戏最大的意义就是能吸引更多的人参与进来，将游戏变为学习的一部分，不仅可以让人们学到知识，还能最大限度地激发人们学习的热情，让人们把这种热情融入未来的学习和研究中。而企业也可以用这样的方式建立起自己的专属优势，让更多的人选用自己的产品。

4.3 营销游戏做得好玩的技巧

在营销游戏中，企业都有自己的一套小技巧来引导用户消费。游戏通常会使用奖励来不断地刺激用户，实体店则会使用优质的购买体验、感官冲击等来刺激用户。企业通过这些小技巧来满足用户的需求，解决用户的痛点，从而提升用户的留存率。

4.3.1 设计“诱惑式”元素，实现持续刺激

营销游戏必须要找到一个有趣的角度来吸引用户的参与，这就需要我们在设计游戏时添加一些具有诱惑力的因素。这些诱惑式的因素可以吸引用户不断地参与其中，让用户在游戏中与品牌达成情感共识，形成对品牌的好感和信任感。分数、等级、挑战、实体奖品和领先榜单是我们在营销游戏中经常用到的几个诱惑性因素，这些因素分别满足了人们的不同心理需求，用户受这些因素的影响会更加积极地参与其中。

2017 年，新的赛季开启之后，《反恐精英 Online2》的玩家就进入了激斗状态。玩家们如此努力不止是因为对游戏的热爱，更是因为丰厚的奖励。

在《反恐精英 Online2》中的荣誉勋章系列武器通常用迷彩装饰，2017 年的这个 s4 赛季延续了以往的风格，AWM 与 KRISS Vector 这两款经典武器在迷彩的基础上搭配红黄相间的圆点进行点缀。红色和黄色都是代表功勋的颜色，将这两个颜色融入武器上，会使玩家在游戏中端起枪的时候就会产生一种自豪感。

KRISS Vector 是一款微型冲锋枪，因较高的伤害和稳定的弹道而受到玩家追捧，在 s4 赛季中，KRISS Vector 又会以独特的勋章皮肤出现，让无数玩家为之疯狂。

这两款武器是荣誉的象征，如果想要得到，玩家就必须努力提升军衔。在军衔战中，当玩家的军衔上升到校尉或者校官甚至是将军后，都可以获得对应的盾牌，这个盾牌也是荣誉的象征。

在《反恐精英 Online2》中，每个赛季都会有相应的活动，游戏会根据玩家的军衔来对玩家进行不同程度的奖励。玩家的军衔等级越高，所得到的奖励就越丰厚，这样就会刺激玩家不断进行游戏。

2017 年《英雄联盟》推出了一个名叫“峡谷之巅”的超级专区。这个专区是一个高手汇聚地，只有玩家的账号段位在钻石 1 级以上或者是某些战队的选手才能够进入这个区进行比赛。因为汇聚了各种区服的高手，“峡谷之巅”自然也就成了实力最强的一个区。

在“峡谷之巅”取得名次的玩家能够获得特殊的奖励。比如说，在“峡谷之巅”排名前 1000 名的玩家可以获得这个赛季的专属奖励图标。而在一个赛季内，排位赛胜场前 2000 名的玩家可以获得“斩星魔剑易”的皮肤，玩家可以选择在任意大区领取皮肤。在“峡谷之巅”的玩家可以获得两个段位加载框，一个用于峡谷之巅，一个用于原区服。

这样的奖励对于玩家来说有着不可抗拒的诱惑力，每一个特殊物品都是一个勋章，是一种荣誉，也正是因为如此，每一个赛季玩家都会乐此不疲地打排位、冲排名。

企业可以根据产品来制订不同的奖励，比如说淘宝用“双十一”购物狂欢节打折促销来吸引消费者，这样每年的“双十一”都是一个消费高峰。麦当劳通过购买套餐获赠可乐杯来吸引消费者用餐，很多人都有收藏的爱好，麦当劳推出了六款颜色不同的可乐杯，很多人为了收集齐这六款可乐杯而高频度地到麦当劳用餐。麦当劳的儿童套餐会附赠玩具，经常会有多款玩具，可以组合起来使用，这样就受到了孩子们的欢迎。

活动可以通过用户的参与次数进行奖励，也可以通过赛季这种周期性的评比进行奖励，这样的好处就是可以让用户得到持续的刺激。

4.3.2　更善于深入体察客户心理动机

要想让用户真正地投入到营销游戏中来，将产品信息有效地传达给用户，就必须更加深入地体察用户的心理动机。只有在全方位地了解了用户的心理后，才能够更好地满足他们的需求，实现自己的营销目标。消费者的心理动机主要有以下几种，如图 4-14 所示。

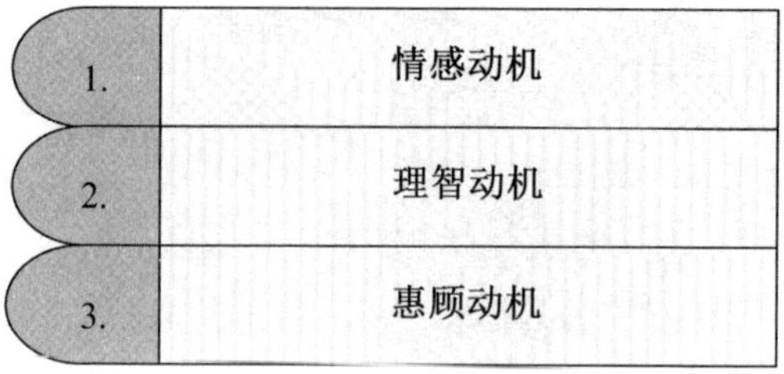

图 4–14　消费者的心理动机

1. 情感动机

情感动机是由人们的情绪和感情所引起的购买动机。情感动机又可以分为两种不同的形态，一种是低级形态的购买动机，它主要是由高兴、感动、喜爱、好奇等情绪引起的，这种购买动机具有很强的冲动性和不稳定性；另一种是高级形态的购买动机，它是由人们的道德感、集体感、美誉感等引起的，这种购买动机具有更强的稳定性。

2. 理智动机

理智动机是消费者通过学习，运用知识和经验比较分析后产生的购买动机。消费者在购买产品前已经对产品的特点、性能等有所了解，因此理智的购买动机要更加客观和周密。

3. 惠顾动机

惠顾动机也被称为习惯动机，它主要是指消费者对某些商品产生了特殊的信任和好感，从而重复性和习惯性地去购买商品。这种动机的产生往往取决于产品本身，当产品在消费者心中树立了良好的形象时，消费者就会在购买过程中排除其他同类产品的干扰，按照自己原有的购买意向去完成购买行动。

腾讯 QQ 作为一个全民社交平台，受到很多年轻人的喜爱，而年轻人作为未来的主力消费群体，有着十分强大的购买潜力，因此很多广告主都将他们视为自己的绝佳的营销对象，现在的 QQ 已经成了很多品牌的营销渠道之一。

2017 年 7 月，小米在新机型小米 5X 发布时向 QQ 空间投放了一支视频广告《凡先生的 12 星座照相馆》。这支视频广告用 12 个短视频展现了 12 星座的不同照相风格，用户可以在这个星座照相馆中上传自己的照片，并邀请自己的好友点赞。

为了能够更好地吸引年轻消费者的注意，小米在广告形式上大胆创新，它将广告设计成了一条好友动态“亲爱的×××，你知道白羊座拍照是什么样子的吗？”，这样的形式可以拉近与用户之间的距离，让品牌与用户之间能像朋友一样进行交流，如图 4-15 所示。

图 4-15　小米在 QQ 空间中投放的视频广告《凡先生的 12 星座照相馆》

QQ 空间还十分重视用户的体验，为了防止广告对用户构成骚扰，QQ 空间中的每一条广告都设有反馈机制，只有当用户的好友动态累积到一定的数量时系统才会为其推送广告。

QQ 为了更好地发挥自己营销渠道的价值，也在不断地寻求新的突破，逐步将自己打造为一个“IP”，与其他的品牌展开跨界合作。

QQ 曾与韩国美妆品牌悦诗风吟一起推出了 QQfamily 联名款，凡是在活动期间购买悦诗风吟产品的消费者都可以获得限量版的联名产品。同时他们还在悦诗风吟的旗舰店内提供了 VR 体验装置，用户只需扫描柜台上的二维码就可以同 VR 企鹅进行互动。

腾讯 QQ 很好地把握了当下年轻消费者的需求，利用营销游戏，与消费者建立了更为紧密的联系，进一步拓展了自己的营销渠道。

4.3.3 注重游戏机制与营销手段有机结合

游戏机制和营销手段是营销游戏的组成部分，缺少哪一方都不能构成一个完整的营销游戏。将二者有机地结合起来可以给用户带来更好的体验，让用户主动帮助企业传播品牌，提高品牌与用户的互动性，从而深化企业的品牌形象，有效提高转化率，达成企业的营销目标。

体验式营销作为一种新的营销方式，很好地将游戏机制运用到了营销中来。体验式营销从消费者的感官、情感、思考、行为和关联五个方面出发，重新定义了营销的思考方式，这种思考方式不仅仅考虑到了消费者的理性需求，而且还考虑到了消费者的感性需求。

迪卡侬是一家创立于法国的体育用品公司，这家公司目前在全球总共拥有1000多家门店，其在法国的市场占有率更是高达65%。在这个电商横行的时代，迪卡侬依旧将发展重心集中在线下，其在中国地区的线上销售量仅占销售总量的10%。迪卡侬之所以做出这样的决定，关键就在于其长期坚持在线下实体店实行体验式营销，而且这种营销方式也确实给迪卡侬带来了极大的利润。

迪卡侬一直将“享受运动的快乐”作为自己的品牌理念，迪卡侬将产品的卖场变为了每一个消费者的健身房和运动场。在迪卡侬的卖场中，平均陈列着60多项运动种类、超过35000种运动产品，这些产品中有很多都贴有“try me”（试一试）的字样，同时迪卡侬还按照消费者的购物习惯和运动类别，将产品划分为了11个区域，无论你是初级运动者还是职业运动员，都可以在这里挑选到中意的商品。

迪卡侬在普通的商品陈列中增加了运动体验式服务，卖场中设有篮球场、足球场和羽毛球场等不同的体验区，它鼓励所有的消费者来亲自体验产品。比如在轮滑区消费者可以穿戴上轮滑鞋、护膝和其他护具在试滑区亲自体验轮滑的乐趣。店内的工作人员也不再仅仅是推销产品，他们还会对一些初次尝试某一运动项目的消费者进行指导和训练。

体验式营销让迪卡侬的店面更加具有视觉冲击力，这样强烈的感官刺激可以将消费者很好地吸引到户外的场景中。这种体验式营销还能让消费者更加直观地感受和接触到产品，更好地了解产品的性能，激发消费者对于某一运动项目的兴趣，从而购买商品。迪卡侬在长期推行体验式营销的同时，让更多的消费者看到了它的专业性，因此越来越多的消费者愿意去选择和信赖这个品牌。

4.3.4 《征途》虚拟玫瑰花：只要送 99 朵以上，就上公告

史玉柱曾在《我的营销心得》一书中提到，在情人节的时候，《征途》游戏推出了一个“虚拟玫瑰花”活动。这个虚拟玫瑰花不单是可以由玩家自己进行购买，同时为了符合情人节的节日氛围，玩家还可以在购买玫瑰花之后，将玫瑰花送给其他玩家。在活动中，《征途》推出的虚拟玫瑰花售价为 1 元一朵，当玩家赠送其他玩家 99 朵以上的玫瑰花时，在游戏的公告中就会出现玩家与受赠者的游戏 ID 以及赠送玫瑰花的专属公告。就是这样一个展示公告，让这 1 元的玫瑰花卖了大概 5000 万元。

在这个活动中，《征途》抓住两个要点，一是节日，二是意义。节日对于人们来说都是代表着非凡意义的一天，比如说建军节、国庆节，儿童节、青年节、妇女节、母亲节等。在节日这天人们通常会进行一些特殊的庆祝。

《征途》的活动是在情人节进行的。首先是这个活动的受众，《征途》的玩家年龄覆盖面是比较广的，但是无论是刚刚成年的人还是已经到了而立之年的人，都会有自己喜欢的人，这样就可以明确情人节这个节日的受众包含了绝大多数玩家。其次是意义，情人节的意义不言而喻，无论是情侣还是夫妻，这个节日对他们都是意义深刻的。

情人节这天人们会向喜欢的人送礼物来表达爱意，现实中一束玫瑰、一顿浪漫的丰盛晚宴都会是人们不错的选择，而在游戏中想要达到现实中那样的充实感还是有一定难度的，毕竟游戏是虚拟的。

但是，游戏可以通过增加人们的存在感来映衬出人们的充实感，就像单纯的虚拟礼物只能看着，很难让玩家在其中得到满足，但是通过公告的形式可以达到一个“昭告天下”的效果，这样就在无形中增加了玩家的存在感。不仅将玩家的爱意成功传达给了对方，而且还用公告上的誓言与祝福向所有人表达了自己的爱慕之情。这样收到礼物的人会感到十分开心，而送礼物的人也会非常满足。

而随着时代发展，情人节也不仅限于情人之间，因为具有浓厚的节日氛围，所以很多单身的小伙伴也会选择在这一天结伴出游。这样一来《征途》的情人节就几乎覆盖了所有玩家。

《征途》公告的设计牢牢地抓住了消费者的需求痛点，正面的刺激可以促成消费者的消费行为，这个刺激包括满足消费者的成就感、存在感等。人们在面对喜欢的事物时，所花费的金钱会被自动归为情感消费。而在情感消费中，金钱的额度会被自动弱化，因为对人们来说，在感情上花费再多也是值得的。

第 5 章

游戏化营销技巧

在各种表现形式的游戏化案例中，均存在着一定的技巧。第 5 章将会把前几章的案例进行总结，并整理出一套游戏化营销的技巧，让更多的人可以快速学会游戏化营销。本章将会从游戏化的三个模式及驱动用户融入营销活动的四个元素的角度来进行分析。

5.1 游戏化营销的三大模式

本节所叙述的营销模式为线上线下引流、游戏分享及互动活动。这三种模式都有一定的针对性，并且是游戏化营销中较为通用的三种营销模式，可以灵活地应用于各种产品的营销活动之中。

5.1.1 线上娱乐，获取优惠券，线下消费

随着新媒体的发展，利用互联网推广产品已经成为很多企业采用的营销方式之一。在线上发布营销游戏，可以覆盖到更多的消费者，让更多的人参与到活动中来。对于许多以线下实体店销售为主的企业，可以利用营销游戏在线上进行推广，同时可以在游戏的过程中提供一些优惠券给消费者，刺激消费者进行消费，实现线下引流。

优衣库作为日本著名的休闲品牌，曾发起过一个网上排队活动。这个活动实际上是一款基于 SNS 的社交小游戏。优衣库在刚开始推出这个活动时，将互联网

营销的重点放在了 Facebook 上，它曾与 Facebook 发起过三次“排队”活动。优衣库在亚洲第一次尝试 SNS 营销是在日本，当时优衣库是同 Twitter 一起发起活动的，活动以发放优惠券的方式吸引顾客到实体店内进行消费，总共吸引到了 6 万人的参与。不过优衣库对于这次活动的效果并不满意，于是在总结经验后将战场转移到了中国台湾，如图 5-1 所示。

图 5–1　优衣库排队游戏

在台北店开业前，优衣库先在 Facebook 上推出了这款排队游戏，这次活动在奖品设置上更为诱人，除了原有的优惠券以外，还增加了 100 件纪念 T 恤。参与排队游戏的用户可以立即知道自己是否中奖，没有中奖的用户会在奖品的激励下重新进行排队。优衣库在这次活动中对游戏做了很大的修复和完善，使整个游戏背景看起来更为诱人，服务器的反应速度也变得更快。短短的几天时间，就有 60 万人次参与到了这个活动中。

不久后，优衣库又带着它的排队游戏来到了中国大陆，这次优衣库选择同人人网进行合作。优衣库对这次活动的奖项设置做了精心的准备，他们为参加游戏的用户提供了满 300 元打 9 折的优惠券，同时为了刺激消费者及时消费，他们在优惠券上设置了有效期限，优惠券只在当天或是第二天内有效。

为了进一步激发消费者的热情，优衣库还为排到 888、8888、88888 等幸运数字的用户准备了不同的奖品，每 7 天还可以抽取一次 iPhone 手机大奖。同时优衣库还选用了非常多的具有中国特色的卡通形象，用户在排队游戏中可以选择自己喜爱的形象来做替身。

排队游戏如此吸引人的另一个关键性因素就在于它的透明度比较高，游戏中不仅提供了“立即知道获奖”“见到好友获奖”等功能，用户还可以在人人网的主页中看到来回滚动播出的获奖者名单，这些设计都增加了游戏的可信度，让用户在游戏中更加有信心。另外，在游戏开始前，游戏所提供的所有奖品都是点亮的，之后每当有用户中奖时对应的奖品就会被切掉，图标也会黯淡下去，其余的奖品则依旧点亮着，这可以让用户对奖品一目了然，激发他们继续排队的热情。

短短一周时间，已经有超过 10 万人参与了这个游戏，很多用户都沉浸在游戏的体验和中奖的喜悦中。为了能让更多的人参与进来，优衣库在第二周时调整了游戏的规则。

在第二周时优衣库取消了优惠券的使用期限，获得优惠券的用户可以在活动期间随时使用它在门店进行消费。优惠券的使用方式也得到了拓展，除了复印的优惠券之外，转发和拍照得来的优惠券也同样有效。这些方式降低了优惠券的使用门槛，到活动结束时共有 133 万人参加了这个游戏，优衣库的线下门店也顺利完成了销售任务，更为重要的是，优衣库让更多的年轻消费者了解到了这个品牌，在消费者心中树立了良好的品牌形象。

优衣库的整个活动在把握用户心理的基础上，借助不同的社交平台发布游戏，在游戏中加深与用户的沟通，发掘出了自己的潜在客户，从而带动了线下的销售。

5.1.2 玩游戏，激分享，得奖品

这个模式通常会以奖品作为激励的元素，让用户主动地将营销游戏分享给自己的好友，实现二次传播，从而促进品牌更大范围的曝光，让更多的人了解自己的品牌。

每到中秋节，各大月饼企业都会展开激烈的竞争，但是老一套的销售模式早已不能引起消费者的关注。华美食品作为月饼企业的佼佼者，率先颠覆了传统的销售模式，将游戏化营销这种更具创意和吸引力的营销手段运用到了月饼的销售

中，在网络上发起“会说话的月饼”活动，极大地提高了商品的销量。

华美食品结合中秋节的特色，利用互联网技术让月饼具有了传递祝福的功能，消费者可以通过这个游戏把祝福带给自己的亲朋好友，唤起大家对亲情的珍惜。游戏的规则其实很简单，凡是购买了华美月饼的消费者都可以通过扫描包装盒上的二维码录制视频，收到月饼的亲人只需在扫描二维码后输入包装上的 12 位编码就可以查收祝福了。

华美食品的这个活动在推出后，受到了很多人的关注，很多消费者都参与到这个购买月饼送祝福的活动当中来。这个活动之所以能够成功，主要还是在于其营销手段的创新，华美食品利用三大新媒体平台，让更多的用户了解到了这个活动。下面我们来看一下华美食品具体是如何开展这次活动的。

1. 利用微信公众号开展活动，定制祝福传递情感

华美食品推出的“会说话的月饼”以微信作为活动的入口，同时还配有“我要晒祝福”“赢取抽奖号”等活动。消费者在扫描二维码后除了录制视频外，还可以参与到这些活动中来赢取奖品，其游戏规则的设置可以激发消费者进行传播，促进活动的迅速扩散，如图 5-2 所示。

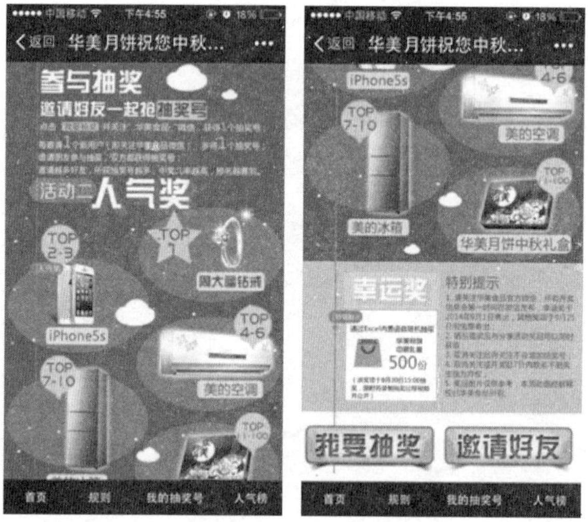

图 5-2　华美食品在公众号上推出的抽奖活动

除了上述的这些活动外，华美食品还结合当时的热点推出了一系列不同的微信小游戏，提升公众号的活跃度。例如华美食品根据当时热门的微信游戏《围住神经猫》，在结合品牌自身特色的基础上对其进行了改编，推出了《围住神烦狗》小游戏，极大地增强了游戏的趣味性，提升了用户的活跃程度，为主活动导流，如图 5-3 所示。

图 5–3　华美食品推出的《围住神烦狗》游戏

除此之外，华美食品为了强化中秋节“团圆”和“祝福”的理念，制作了“孝心测试”游戏，在情感上与用户产生共鸣，加深了用户对品牌的印象，如图 5-4 所示。

图 5–4　“孝心测试”游戏

2. 借助微视进行扩散，刺激用户参与

华美食品的祝福视频是借助微视来进行录制的，简单的操作方式可以让用户更加轻松地定制自己的祝福视频。同时用户还可以将自己录制的视频分享到自己的社交圈中，带动自己的好友一齐来参与。微视会按照播放量给用户颁发奖品，从而刺激用户的参与。

3. 利用微博引爆热点，提升曝光度

华美食品利用微博同网络红人和各大明星进行互动，其幽默诙谐的风格受到了很多“粉丝”的喜爱。华美食品在微博上发布的原创内容和有奖活动，大大提升了自己的曝光度，引发了广泛的传播，仅仅一个月话题的阅读量就达到了5484.6万。

华美食品的这次游戏化营销活动非常容易打动消费者，让营销变得更具人性和情感，让消费者真正地认可了自己的产品，实现了营销目的。

5.1.3 趣味互动，激励互动，线上引流

这个模式的营销游戏可以直接将用户引入自己的线上店铺或公众号中，能够完成精准的目标人群的导流，提升转化率，进而实现销售目标。

近年来，越来越多的保险公司开始通过游戏化的营销方式来售卖自己的产品，游戏化的营销方式可以让原本晦涩难懂的保险产品变得更具吸引力，改变大家对于保险产品的传统认识，让保险产品更容易被人们接受。

1. 阳光保险——“摇钱树”

阳光保险曾在微信公众号上推出过一款名为“摇钱树”的产品，这款产品采用了游戏化的营销方式，客户只需摇动手机，就可以获得较高的理财收益。

与传统的保险产品不同，这款产品的收益获取方式是不同的，客户能够获得多少收益在很大程度上取决于自己的运气，因为产品的具体收益是靠客户以游戏的方式“摇”出来的。比如客户在第一次摇的时候可能会摇到6.2%的收益，第二次就有可能摇到5.04%。

如果客户对于自己摇到的收益不满意，还可以重复摇，阳光保险规定的是每15分钟可以摇3次，直到满意为止。当客户摇到自己满意的收益后，就可以直接

进入投保页面，客户填写好自己的姓名和身份证号等信息后就可以进入下一步投保环节，整个过程可以说十分简便。

2. 中国太保——“救生圈”系列产品

中国太保也曾在其微信公众号中推出过“救生圈”系列产品。这款产品非常有意思，客户可以在其微信公众号购买虚拟的救生圈，然后可以将购买下来的救生圈扔给自己的好友，好友点击帖子可以捞取救生圈，如果好友没有捞取救生圈，客户可以将其收回。

其实，这款“救生圈”产品对应的是一款交通工具意外险，这个产品的保险期限为 1 年，保险金额是 2000 元，但是客户在购买时只需要花费 1 元钱的保费，购买过程中一个救生圈就代表了一份意外险。

3. 永安保险——“雷锋无忧”保险产品

无独有偶，永安保险在推出防讹保障产品时也采用了游戏化营销的方式，还打出了“我要做雷锋扶起正能量”的口号。这款“雷锋无忧”产品实际上是一款普通的责任险产品，客户可以通过扫描二维码的方式为自己或他人购买产品，每一份保险的保费仅为 2 元，保额为 1 万元，客户在投保成功后的 15 天内将其分享至自己的朋友圈或者发送给自己的指定好友就有机会提升保额，保额最高可以达到 20 万元。同时，活动还设有“雷锋榜”，客户可以在上面查看排名，这使原本单调的购买行为变得十分有趣。

从上述三个例子可以看出，近些年来保险公司一直在不断地创新，首先在商业模式上，越来越多的公司推出了线上产品，其次在销售模式上，保险公司也改变了原先传统的营销方式，利用游戏化营销，以互动的形式将营销过程变得更加具有趣味性，改变了人们对保险产品的固有认识。

5.2　驱动客户融入游戏的四大元素

用户在参与活动的时候往往是有目的性的，但是这个“目的”并不是确定的，参与一个有趣的活动对于用户来说就不失为一个目的。企业可以在营销当中对用户进行全面呵护，让用户在参与活动的过程中获得良好的体验，从而促使用户快速融入营销活动当中。

5.2.1 趣味化：玩是“游戏化”的基础

趣味是营销游戏的关键所在，没有趣味的营销游戏是无法赢得人们喜爱的。现在有越来越多的企业采用营销游戏来推广自己的产品，营销游戏也因此变得千篇一律，很容易造成用户的审美疲劳。因此我们在设计营销游戏时要注意增添游戏的趣味性，要让用户感受到自己的创意并愿意主动将其分享给自己的朋友，只有这样才能发挥出营销游戏的最大价值。在增加游戏的趣味性的同时我们还需要注意以下几个问题，如图 5-5 所示。

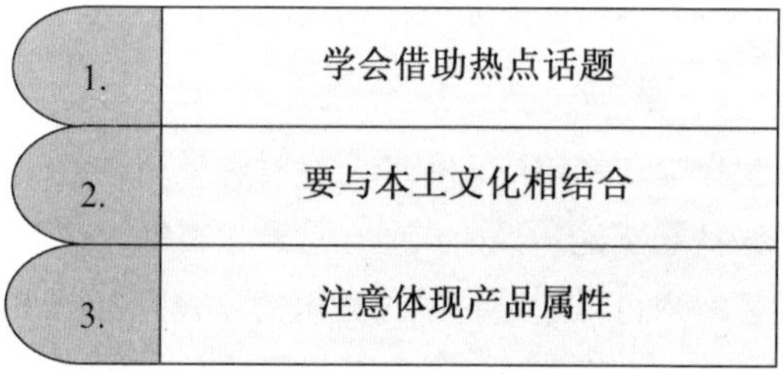

图 5–5　增加趣味性的同时需要注意三点

1. 学会借助热点话题

一般情况下，热点事件都是人们在一段时间内关注和讨论的焦点，企业在做营销游戏时可以和这些热点事件结合起来，从这些热点事件和热点人物中获取一些具有趣味性的营销思路。这样的营销游戏往往能够收获更多的关注，传播速度也会更快一些。

2. 要与本土文化相结合

在营销游戏中植入与中国文化相关的元素，可以让游戏变得更加具有特色，更容易取得用户对营销游戏的认可。

3. 注意体现产品属性

趣味性的确很重要，但是游戏的最终目的还是为了营销，因此我们在设计营销游戏时一定要注意体现出产品的属性，要让消费者在游戏的过程中清晰地了解产品的相关信息。

金龙鱼阳光葵花籽油在 2018 年年初发起了一个“不油腻轻年”的活动。在作家冯唐一篇名为《如何避免成为一个油腻的中年》的文章发表后，金龙鱼成功地为自己找到了话题的引爆点。

首先，金龙鱼在微博上隔空喊话，抛出 “油腻”一词是否仅仅是中年人的标签的问题，并在微博中以 10 个当代青年人的生活现状来反驳冯唐。金龙鱼认为油腻的根源不在于年龄，而在于心态与思想境界。该条长微博观点直切要害，语言简短精练，更是对当下流行的网络词汇进行了深度剖析，看似是在反驳冯唐，实际上是在讽刺现在年轻人的种种不良状态。

在这个凭借新鲜事物获得流量的时代，金龙鱼以颠覆性的观点迅速获得大量的话题与热度。

其次，就是时间点临近过年，中国人做饭少不了用油，过年餐桌上更都是些大鱼大肉，而想要避免这些“油腻”，可以使用轻脂健康的金龙鱼葵花籽油。在这篇讲述“油腻”的文章里，“轻脂健康”四个字能迅速得到人们的青睐。

最后，金龙鱼在微博的结尾发起并倡导“不油腻轻年”活动，由黄晓明夫妇带领几位名家共同为此项活动助威，继续扩大声势。

金龙鱼与冯唐之间的互动其实和大多数微博用户之间的互动是没有差别的，但是如果套上了官方微博与著名作家的头衔，那么整件事将会变得具有趣味性。用户在浏览两个人的文章之后会主动参与到讨论当中，而用户与用户间的讨论则会让事件热度持续升高，或许会有观点的不同，但是不变的是葵花籽油的轻脂与健康，所以最终达到了宣传的效果。

5.2.2　人性化：设计要冲着“人性弱点”

一款产品出现的本身就是面对着消费者的，无论这款产品的特性在于快捷还是实用，其最终目标都是让消费者使用起来更方便。但是随着市场竞争越来越激烈，越来越多的同类型产品竞相出现，如何为自己的产品做一个出色的营销并让它在时间的长跑中取得胜利就变得十分关键。

Keep 作为一款健身软件，从 2015 年面世到现在已经成了非常流行的一款健身软件。Keep 的即时性非常高，想要健身不一定非要去健身房，买一个瑜伽垫在家也可以轻松做锻炼。除了经常健身的老手，Keep 对新手来说更是体贴，用户不需要花费昂贵的费用去请健身教练，在 Keep 上，用户只要点击下载便可以获得想要的健身教程视频，从而进行科学的训练。

而健身本身就是一个需要持久进行的事情，但是仅仅通过软件，在无人监管的情况下用户很容易懈怠，从而停止锻炼。这时候 Keep 推出了打卡功能，即在用户每日锻炼之后会弹出打卡提示，如图 5-6 所示。

每次打卡之后用户都能够发出一条相关动态，同时还可以看到别人锻炼完成后的动态消息。每次锻炼完之后一点点小进步、小变化都是值得分享的，而 Keep 给了用户这样的一个分享环境，让用户得到满足。

在打卡功能的基础之上，Keep 还有勋章功能，即用户连续进行锻炼或者锻炼时间达到一定数量就会获得相对应的勋章，如图 5-7 所示。

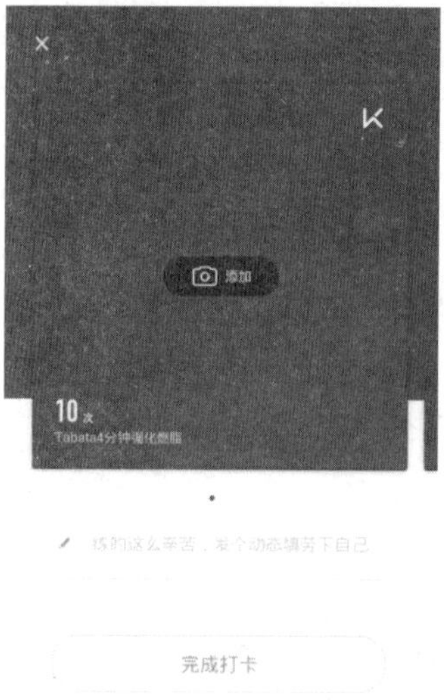

图 5-6　Keep 打卡功能

图 5-7　Keep 勋章

这种带有奖励性质的机制非常有效，用户每天使用 Keep 不但是在进行锻炼，也是在进行一种自我满足。这源于游戏中的一种成就感，源于用户达到某种高度或者获得某项荣誉时产生的兴奋与喜悦。

而 Keep 能够一直保证高活跃人数并且用户一直增加的原因就是它有非常强大的社交功能。

在 Keep 首页，除了训练外还可以看到“发现”和“动态”两个功能，“发现”界面如图 5-8 所示。

图 5-8　Keep 发现

在“发现”里，用户可以找到与健身相关的训练内容、攻略，还可为一些特殊的需求如瘦身、减脂等参考合理的饮食搭配。在商城中，Keep 会给用户推荐一些性价比高的健身器具，如哑铃、伸展带、瑞士球等。最后一个就是同城功能，可以定位与用户同城的 Keep 用户，这一功能主要还是方便一些做线下运动的用户，比如说在 Keep 上看到附近有夜跑小分队，那么有些用户是很愿意加入其中，与同好一起进行锻炼的。

在 Keep 上每个用户都能发表自己的健身动态，可以是与训练相关的，也可以是与健身饮食相关的。当用户看到别人分享的训练成果时，就会受到一个很好的激励，从而有耐心和信心继续锻炼下去。

健身对于很多人来说是一件枯燥的事情，但是为了身体健康又不得不做，而 Keep 把健身这件事做得让用户觉得很有意思。坚持连续 3 天、10 天进行锻炼获得的勋章会让用户获得一种成就感；看到别人的健身分享会激励用户继续锻炼的行为；线下的小活动可以让用户结交到更多同好。在 Keep 里，用户慢慢就体会到了健身所带来的乐趣。

5.2.3 娱乐化：离不开互动分享环节

娱乐是人们与生俱来的天性，美国经济学家沃尔夫曾在《娱乐经济》一书中指出："一切经济活动都能以娱乐方式进行。"营销游戏的娱乐化可以让消费者成为主角，让他们主动参与到互动过程中，在产品和消费者之间建立起一定的情感联系。同时它还可以把消费者的购买行为变成一次非常愉快的体验，在无形中加深消费者对企业产品或品牌的认可度，引发他们对产品的关注。

近些年，游戏开始渐渐地走入大众的生活，很多品牌都开始将游戏化营销作为自己的主战场。在高档车市场中，很多品牌都习惯用一些"高大上"的广告来传递自己的品牌信息，久而久之这样的广告已经很难吸引到大众的关注。面对着年轻消费者在汽车市场的崛起，高档车市场也开始尝试改变自己的营销方式。

在 2017 年的腾讯互动娱乐年度发布会上，奔驰正式宣布与竞速游戏《极品飞车》系列《极品飞车 Online》达成战略合作。奔驰之所以选择同极品飞车进行合作，主要还是取决于极品飞车在竞速游戏当中的地位。经过 20 多年的发展，极品飞车已经有了很多具有潜力的用户。这次的合作将现实和虚拟结合起来，在线上和线下同时开展了许多具有想象力和创新精神的营销活动。

《极品飞车 Online》在游戏中为奔驰的梅赛德斯—AMG GTR 设计了专属的成就和徽章。玩家在进入游戏中的驾照考试关卡时，可以选用这一车型作为特殊的考试用车。为了突出"狂飙不限号"这一主题，极品飞车还为梅赛德斯—AMG GTR 定制了一系列专属营销活动，这其中包括赠送给玩家品牌推出的联合周边、猛兽捕猎计划，还有绿色猛兽专门见面礼，而且玩家还可以在游戏中提前体验到市面上稀有的绿色猛兽。

在线下，奔驰也和极品飞车一起开展了很多营销活动。梅赛德斯—AMG GTR 在 2017 年 7 月的 ChinaJoy（中国国际数码互动娱乐展览会）上，专门设置了《极品飞车 Online》的 EA 专属游戏展台，打造了绝佳的线下营销场景。同时游戏还在各大城市的地铁站投放了许多户外创意广告，以此来吸引人们的关注。

除了上述的这些外，极品飞车还发起了一个大规模的跑车文化环球之旅，他们从游戏的忠实玩家中选出了一些非常优秀的赛车手，让他们一起去探索跑车文化的起源，并将其制作成纪录片，纪录片中试驾梅赛德斯—AMG GTR 的直播更是吸引了几十万人同时进行观看。极品飞车的这次活动，让奔驰的品牌文化得到了更为广泛的传播。

奔驰和极品飞车的这次合作取得了非常好的传播效果，吸引到了众多玩家的参与。他们的这次跨界合作将产品和游戏体验很好地融合在了一起，达成了品牌的持续曝光。游戏中场景的还原，让玩家真实体验到了梅赛德斯—AMG GTR 的良好性能；纪录片的推出又让游戏玩家从中了解到了奔驰的品牌历史和文化，极大地提升了奔驰的品牌形象。

奔驰和极品飞车的这次合作算得上是一场双赢。奔驰在这次合作中让更多的人了解到了梅赛德斯—AMG GTR 这款车型，广泛的人群辐射面是在线下很难达到的。极品飞车在这次营销中不仅带给了用户更好的游戏体验，而且还将汽车的“粉丝”转化为了自己的游戏玩家。从奔驰和极品飞车的这个案例中我们可以看出，在当今的娱乐经济时代，游戏的娱乐化和场景化可以帮助企业达到更好的营销效果。

5.2.4 有奖化：从游戏中能自我受益

在营销游戏中设置奖励因素可以让用户感到更有动力，更好地投入到营销游戏中来。在共享单车竞争十分激烈的时期，摩拜单车推出了一个“摩拜红包车，骑车有钱赚”的活动，用户在活动期间，只需要打开摩拜单车的手机 APP 就能够查看到周围带有“红包”图标的红包单车，用户在扫码解锁红包单车后，不仅能够享受到两个小时内免费骑的福利，而且只要用户的骑行时间在 10 分钟以上，用户在结束用车后就可以获得 1～100 元的随机包，这些红包还可以被提取到支付宝账户中。

摩拜单车推出的这个活动是一次典型的游戏化营销案例，整个营销活动以红包作为激励性的因素，通过随机奖励来增添游戏的趣味性，让用户在营销游戏中获得成就感和满足感，激发起了用户的参与热情。

摩拜单车用发现金红包的方式来吸引用户骑车，除了可以为摩拜单车做一次营销宣传之外，更为重要的任务是要完成车辆的调度。共享单车自从进入国内市场之后面临的问题就十分严重，比如说已损坏的单车没有人进行报修、共享单车被“私有化”，以及一些共享单车被停放在了各种犄角旮旯、很少有人去的地方，这些都会影响用户使用共享单车。

摩拜单车提供的现金红包都会十分精确地分配到恰当的车辆上，目的就是让用户能够将这些车辆骑到一些人流量比较密集的商圈当中，帮助摩拜单车解决了车辆分布失衡的问题，达成了企业和用户间的共赢。

想要通过骑行摩拜单车领取红包，那么用户就至少要骑行 10 分钟。用户在各种大街小巷骑行摩拜单车的时候就是在为摩拜单车做宣传，那么大量的人骑着摩拜单车在城市中穿行所带来的宣传效果自然不言而喻。

摩拜单车的这次活动以高科技技术为依托，利用物联网、大数据和云计算让其他的竞争对手难以模仿，使得他们不能在短时间内形成有效的反击措施，以此提升了自己的竞争力，进一步巩固了自己在共享单车领域中的地位。

目前摩拜单车已经进入了国内外 33 座城市，在一些中心城市中其单车数量已经超过了 10 万辆，注册用户更是达到千万，累积的骑行次数也已经达到 4 亿次。摩拜单车的这次游戏化营销为其未来的发展提供了更为强大的动力。

第 6 章

激励反馈设计

在营销中设置激励元素的目的是要让用户在活动中，通过获得这些激励元素得到一个正反馈，从而促进用户的参与行为。本章将从激励的设计技巧、激励的四类元素及激励运营的三个模式来剖析激励反馈设计。

6.1 激励设计四大技巧

激励元素的设计是多样的，比如说可以选择与游戏进行跨界营销，也可以选择游戏化营销。与游戏进行跨界营销可以通过游戏本身来刺激用户，而游戏化营销则可以不借助游戏，而是依靠营销中的各种激励技巧来刺激用户。

6.1.1 游戏化营销，游戏本身就是奖励

奖励不一定是实质性的物品，它泛指一些激励手段。人们在活动中得到激励后就会形成一个正反馈，从而促使人们参加活动，以得到更多的奖励。在游戏中，排名的变化、金币的多少，甚至是满足一种心理，如成就感、自豪感等，这些激励对于玩家来说都是一种激励手段。

人们会沉迷于游戏是因为在游戏中玩家可以体验到现实中无法获得的奖励，通过正反馈机制来扩大玩家的感受，比如玩家在游戏中因获得装备、好的名次而产生出的成就感、荣誉感等。就如同斯金纳箱子一样，玩家每进行一个操作就会获得一个相应的反馈，这个反馈刺激着玩家不停重复地去做这个动作。如果要让消费者沉

迷在一个游戏化营销活动中，那就要让消费者感受到这个活动所带来的乐趣。

2015 年广州粤剧院首次与国产武侠游戏《剑侠情缘网络版叁》（以下简称剑网三）的制作商西山居合作，打造了一部史无前例的粤剧——《决战天策府》，如图 6-1 所示。

图 6–1　《决战天策府》

《决战天策府》是取材于剑网三，并在其基础上加以改编而成的。讲述的是在安史之乱时期，天策府统领李承恩率军力战叛军、保卫大唐江山的故事。上映的当天，《决战天策府》的票房就超过了 30 万元，而通常一场粤剧的票房也不过五六万元。

据统计，《决战天策府》的票房主要依靠剑网三玩家拉动。这些玩家中只有很少一部分是本身就喜爱看粤剧的，更多的玩家则是冲着剑网三中李承恩的剧情故事来的。

《决战天策府》的出现最初是因为粤剧观众年龄断层太大，新生代的年轻人很多甚至没有看过粤剧，更谈不上对粤剧的关注与喜爱，所以广州粤剧院想创作“新编戏”来吸引年轻一代的目光，让年轻人真正地走进剧院，亲身体会粤剧的魅力。

在经过一年的编剧排练后，《决战天策府》终于在 2015 年于广州粤剧艺术中心进行全剧首次登台演出。在游戏品牌的拉动下，来自全国各地的剑网三玩家都汇聚于广州。很多来看《决战天策府》的玩家表示他们一开始只是抱着“不可强求”的心理来的，因为粤剧和游戏的跨次元结合是从来没有过的，谁也不知道最后会是什么样子。但是在看完之后，很多玩家都选择“二刷”《决战天策府》。

在剑网三 6 周年发布会上，剑网三官方特邀广州粤剧院来进行演出，引起在场 1000 多名剑网三玩家的欢呼。

广州粤剧院把游戏内容与粤剧进行了完美融合，无论是人物妆容还是故事剧情，都把剑网三玩家无缝带入到了游戏历史之中。那些玩家熟稔的情节此刻在舞台上铺陈开来，那些伴随玩家走过风风雨雨的 NPC（游戏中的非玩家角色）实实在在地站在眼前，而这些 NPC 们的故事，同样也是玩家的故事，而《决战天策府》也凭借着大量玩家与粤剧爱好者的支持，成了 2015 年中国传统戏剧票房第一名。

玩家在玩游戏的时候会对游戏的周边产品格外关注，比如说印有游戏 logo 的 T 恤、杯子，或者人物模型等。周边不仅能刺激玩家消费，而且对于周边合作商来说也是一个绝佳的宣传机会。玩家在购买周边的时候，除了在意周边上的游戏 logo，也会在意周边的品质问题。高品质的周边会让玩家对游戏与周边合作商双方产生高度的认可，这样就可以达到让合作商名利双收的效果。

广州粤剧院通过演绎的方式与游戏历史相结合，用玩家熟悉的剧情来引起玩家的观看兴趣，再通过演员们精湛的演技与超还原的服装设计，让粤剧在这些玩家群体中形成了一个良好的口碑，从而达到宣传的效果。

现在很多文化都会选择游戏作为媒介来引起年轻人的注意，并扩大自身影响力，比如《天涯明月刀》与非物质文化遗产苏州桃花坞木板年画的跨界合作、摩拜单车与《龙之谷》绿色骑行活动等。企业选择用年轻人喜爱的方式来接触这些年轻人，通过年轻人熟悉、喜爱的元素，使更多的人参与到活动当中。而游戏化的营销方式除了可以吸引年轻人，还可以使企业的产品更具有活力。

6.1.2　游戏应该有奖有惩

古言云：“明主之所导制其臣者，二柄而已矣。”这里所说的“二柄”即奖、惩两种制度，有奖有惩才不会让人在做事情的时候肆意妄为。做得对，就奖励他，让他再接再厉；做得不对，就惩罚他，让他有畏惧之心，不敢轻易逾越。这样就通过惩奖制度来约束了用户的某些行为。

玩家在游戏中通过正当操作完成任务可以获得奖励，而通过不正当的、恶意的方式进行游戏也会受到惩罚。比如，《英雄联盟》为了保证玩家拥有一个积极健康的游戏环境，专门制订了一系列惩罚措施。

胜点是《英雄联盟》中的段位积分，当玩家获得 100 胜点的时候才可以开启晋级赛。在 5 对 5 的比赛中，每一名玩家的操作都至关重要。如果有一名玩家处于挂机状态，那么这名玩家的队友就会陷入 4 对 5 的不利局面。如果玩家故意被对方击杀，会使对方经济快速发展，从而使玩家队友面临 4 对 6 的大劣局势。

为了防止诸如此类的恶意影响游戏环境的行为，《英雄联盟》为玩家提供了举报功能。当某一玩家存在挂机、退出比赛等恶意行为时，该玩家的队友可以对其进行举报。而被举报的玩家在系统核实后将会在一段时间内不能再次进行排位赛，情节严重的玩家会被进行封号处理。

除了被举报封号，玩家在提前退出比赛时，系统会根据玩家的退出行为自动扣除该玩家相应的胜点。在 24 小时之内，第一次出现提前退场行为扣除 3 胜点，两次及以上每次扣除 10 胜点，当玩家的胜点扣除至零的时候段位不会降低，但是玩家会一直处于该段位，直到玩家积满 100 胜点且赢得晋级赛。

2016 年“裁决之镰”系统上线。在“裁决之镰”中有三个等级的惩罚，同时也有相对应的信誉分。在“裁决之镰”刚刚推出时，玩家是无法在游戏中查询自己的信誉分的，这个时候玩家就需要严格控制自己，避免挂机、提前退出等违规行为。当玩家首次发生违规行为之后，系统会先行警告，再次出现违规行为的时候就会被放入低优先级的队列中，多次违规后玩家在开始一局游戏之前都要等待 20 分钟，并且在低优先级的队列中等待比赛。同时“裁决之镰”每几个月会将数据清零一次，这个时候所有玩家都会回到最初的状态，让曾有过违规行为的用户重新获得正常游戏的机会，如图 6-2 所示。

图 6-2　“裁决之镰”系统

“裁决之镰”上线后深受《英雄联盟》玩家的好评，在“裁决之镰”的监管之下，各种通过恶意违规而影响其他玩家游戏体验的行为大大减少。

百度贴吧是一个大型交流平台，注册用户超过 10 亿，月活跃用户达 3 亿。如此庞大的用户群体如果不制订合理有效的管理措施，那么平台的交流环境将变得很难维护。于是为了有效维护平台环境，百度贴吧制订了一个贴吧协议，这个协议面向的是所有贴吧用户。该协议规范了用户的言论及行为，比如不得发表辱骂他人等不正当言论、不得恶意发送大量无意义的帖子等。当用户出现这些违反协议的行为时，所处主题贴吧的管理员就会根据情况的严重程度，对用户的账号进行时间不等的封号处理。

另外，每个主题贴吧会根据其特定的主题适当增加一些规范制度，这些制度仅对主题贴吧内的用户有效，这个规范制度是基于主题贴吧而产生的，这种具有针对性的规范制度可以更好地维护主题贴吧内的交流环境。

在贴吧曾发生过“爆吧”行为。“爆吧”就是在主题贴吧内发送大量无意义、与主题不符、有侮辱性言论的帖子。“爆吧”行为一旦出现，将会影响主题贴吧内其他用户的正常使用。

建立明确的奖惩制度，有利于规范使用者的言行及操作，用惩罚的手段对违规用户进行刺激，从而使违规行为减少。也是基于这样的管理，百度贴吧历经 15 年依旧还可以保持良好的交流氛围。尽管主题贴吧内的管理人员更换了几次，但是贴吧内依旧秩序井然。

6.1.3 “惩罚”也要游戏化

《天涯明月刀》是一款武侠网络游戏。在武侠世界中，玩家们所扮演的大侠仗剑而行、快意恩仇。在众多阵营、帮派及个人任务中，难免会有一些恩怨产生。这个时候玩家会频繁地使用到悬赏、仇杀等系统。

在游戏中，为了保证“大宋”的治安，每名玩家都会有一个杀戮值，这个杀戮值就用于判断玩家是否处于恶意伤人的游戏状态。当玩家杀戮值过高，“大宋”的民安司就会对玩家做针对性处理。

当玩家等级达到 40 级的时候就可以自己进行战斗模式的切换。战斗模式共有 7 种，分别是和平、善恶、自由、帮派、盟会、联盟和敌人。处于和平模式的玩家不可以攻击任何玩家，但是可以被其他玩家攻击，善恶模式下玩家可以对杀戮值超过 300 的玩家进行抓捕。除了和平和善恶这两个模式之外，当玩家在非安全区使用了任何一种战斗模式击杀其他玩家时，都会获得杀戮值。随着玩家击杀其他玩家的增多，杀戮值的增长也会越来越快。

在《天涯明月刀》中，玩家杀戮值达到 300 就会成为官府的监控对象。当玩家被野怪或者是其他玩家重伤，再次复活后就会被抓捕送到天牢。而当玩家杀戮值到达 1440 的时候，无论玩家在什么地方、处于什么状态，都会被民安司直接抓进天牢。

杀戮值在 300 以下的玩家可以通过进行在线游戏减少杀戮值。玩家每在线 1 分钟，杀戮值减少 2 点。当玩家所处的联盟拥有息兵符时，玩家每分钟可以减少 4 点杀戮值。

杀戮值超过 300 的玩家，在被捕进入天牢之后将无法使用御风神行。这个时候玩家的角色状态栏会显示角色被羁押的时间。羁押时间只包含角色的在线时间，即该角色下线之后的时间是不算入羁押时间的。如果玩家不把羁押时间消耗完就会一直被关在天牢里。

在天牢里有一名司吏，玩家与司吏对话的时候会有两个选项，一是“我犯了什么罪”，二是“我要悔过”。玩家点击“我犯了什么罪”的时候就会看到进入天牢的情况，而点击“我要悔过”的时候司吏就会与玩家进行大量的对话，但是并不会放玩家出去。

为了增加趣味性，天牢有时会随机释放一些玩家，玩家需要在规定时间内快速逃离天牢，否则依旧会被抓回来。

在天牢里玩家会和同样因杀戮值过高而被抓捕进来的其他玩家关在一起，玩家可以在天牢里与其他玩家进行交流。因为都是杀戮值过高的角色，所以在天牢里，玩家彼此都是处于敌对的状态。但是在天牢里击杀其他玩家是不会增长杀戮值的，这样玩家在无聊的时候可以和同样喜欢 pvp 的玩家进行友好的武艺切磋。

在游戏世界中玩家难免会有些恩怨情仇。对于可能会出现的、影响游戏环境的突发情况，游戏厂商做了十足的考虑。比如悬赏系统，这是玩家 pvp 战斗活动的一部分，如果完全杜绝这种行为，将会影响到 pvp 活动的发展。这时候游戏厂商根据游戏内容，设置针对性的评判指标，以此对类似的恶意行为进行规范。用“民安司”与“天牢”实施抓捕与监管，这样既有效限制了玩家的恶意行为，又用趣味化的惩罚形式对玩家的情绪进行了引导与疏通。

通过这样的方式，可以塑造良好的游戏环境，同时也不会让玩家因过于严苛、无趣的惩罚而放弃 pvp 活动。在游戏对具有恶意的玩家实施惩罚措施的时候，也是对其他玩家的一个刺激，一旦角色进入天牢受到管制，那么在一段时间内玩家就无法进行正常的日常活动。为了避免这样的事情发生，玩家也会尽可能避免进行恶意操作。

通过一定的惩罚措施，可以刺激有不当操作的用户，有效限制了不正当操作的频率，而惩罚体制出现的本身也是对进行正常操作的用户的保护，可以有效促进用户的正常操作。

6.1.4 好的用户体验必不可少

AcFun 也就是我们通常所说的 a 站，创立于 2007 年，是国内第一家弹幕视频网站。A 站最初是由一名网名为 Xilin 的在校学生创建的。对于 a 站，Xilin 的态度是：只要条件允许，那么他将会在架构、程序及功能上进行变革。很快，a 站就在宅人圈打出名气，a 站成立已有十一年，一些网友所熟知的金坷垃系列、元首系列等均出自 a 站。

2009 年 6 月，a 站内部管理出现了一些问题，并在之后长达一个月的时间里出现网页因为故障而无法访问的问题。Xilin 是一个技术型的人才，但他并不擅长管理。就在 Xilin 在 a 站期间，Xilin 曾先后把 a 站交给三个人进行代理运营，但效果并不是很理想。

2010 年，刚刚从北邮毕业加入 a 站的徐逸因为 a 站经常宕机，而花费了三天时间为 a 站搭建了一个临时站点——milkfuns，这也就是 b 站的前身。

2017 年 11 月，a 站与 b 站相继出现登录问题，a 站显示无法访问，b 站显示登录错误。a 站随后紧急发出通告，因为疑似网站被攻击。事发两个小时之后 b 站及时修复了登录 bug，而 a 站用了将近 3 天的时间才使网站恢复正常使用。

如果说 Xilin 是一个很厉害的“技术宅”，那么徐逸就是一个情商很高的“技术宅”。徐逸除了会技术，还懂得优化用户体验。

首先，在用户选择上 a 站与 b 站思路是相同的。作为一个主二次元的网站，对于用户的管理还是非常重要的，因为本身圈子不同，为了避免一些“跟风党”的加入，也是为了给现有用户一个更好的环境，a 站与 b 站的会员注册条件相对比较苛刻。

a 站的会员只能通过邀请码进行注册，而邀请码的获得方式一是通过淘宝购买，二是通过内部通道。这让很多喜欢在 a 站看视频的人，在 a 站待了四五年却都没有一个会员身份。

由于徐逸本身就是 a 站“粉”，所以在 b 站脱离 a 站后，徐逸就对会员注册条件进行了调整。b 站的会员注册是通过答题的方式对用户进行测试，在规定时间内答完并且分数达到标准就能够获得会员资格。虽然测试中的问题五花八门，但是对于一个十分熟悉二次元的用户来说还是非常容易的。

然后是在内容和技术上的改进。a 站的动荡时期曾在短短一年的时间里经历过先后三次管理层的大换血，频繁的人事变动不利于网站的整体建设与网站内部的工作协调，在这个时候相对稳定的 b 站就开始逐步优化自己网站的结构与内容，在用户体验上有了较完善的优化。

用户体验就是用户在使用产品时的主观感受，这个感受是非常直接的。就像 a 站与 b 站同时期出现无法登录问题，尽管 a 站在事发后表明网站疑似遭到攻击，但是 a 站的用户还是有 3 天的时间无法登录 a 站。反观 b 站，虽然 b 站对这个 bug

没有做过多说明，但是 b 站十分迅速地解决了登录问题，让用户可以恢复使用。由于用户体验的主观与直接，用户的关注点不在于发生什么样的问题，而在于什么时候可以恢复正常使用，所以 3 天与 2 小时给用户带来的体验自然不言而喻。

对于用户体验来说，在产品设计的时候要了解用户的使用习惯及用户的偏好等。比如说在 home 键解锁的大环境下，华为坚持把指纹解锁功能放在手机背后，这样用户在使用手机的时候可以更加便捷地进行解锁，这一设计也赢得了用户的好评。

当用户在使用某一产品，出现使用不便的相关问题时，用户的体验感就会下降。如果有类似的产品，用户的体验感会因对比而变得更加明显。比如在软件内搜索情况、资源量的多少、模块分类层次等。用户会根据这些问题进行主观比较，当用户内心产生了对比，自然而然地就会向体验更好的产品靠拢。

6.1.5　百雀羚：3000 万+刷屏，最后竟“作死”了

2017 年，百雀羚一条名为《一九三一》的广告获得了 3000 万+的刷屏，而据透露，这条广告的用户转化率却不足 0.00008，一时成为业内人士讨论的重点话题。究其原因，还是在于产品的营销目的不够鲜明，没有真正抓住消费者的痛点。《一九三一》故事的开头如图 6-3 所示。

图 6-3　《一九三一》故事的开头

《一九三一》把背景放在了民国时期的上海，从一名美女杀手执行一次暗杀任务开始讲述。故事画风极其经典，在故事的最后美女枪杀了“时间”，点出了“百雀羚是时间杀手”这一主题，并推出了母亲节特别定制的“月光宝盒”护肤品。

这条广告在传播上可以说是一个很经典的案例，但是却没有体现出来广告的意义。消费者在看完《一九三一》后第一反应就是这个故事很精彩，但是并没有产生想要去消费的冲动，那这个广告的最终目的就没有达到。

百雀羚的这条广告创意很好，但是却又不像是为百雀羚而生的，比如换任意一个化妆品品牌，再换一个时间点，都能完美套入故事剧情。也就是说百雀羚产品的优势在这条神级创意的广告里并没有体现出来。

所谓广告，顾名思义就是广而告之。百雀羚要明确地告诉消费者，百雀羚产品的亮点在哪里，又为什么要在众多同类品牌中选择百雀羚。这才是广告存在的意义。

另外，百雀羚在这里还犯了一个很严重的错误，故事的结尾百雀羚给观众放出了一个凭截图领取优惠券的彩蛋，在营销活动中，每多一个步骤就会流失10%～50%的消费者。当消费者看完整条广告还要再重新回到开头去找暗藏的彩蛋有些多此一举，为迎合母亲节的节日氛围，拍一张母亲的手的照片都要比回到故事的开头去找商标来得有意义。

最后是“月光宝盒”的购买方式。《一九三一》在微信平台上就有3000+的阅读量，可是当消费者想要购买时，却出现了十分“反人类”的一幕——当你在天猫上搜索百雀羚却要跳转到淘宝去购买。对，在微信上看完了广告去天猫上搜索，如果百雀羚有自己的小程序就完全可以省去这些步骤，进而提高转化率。

在游戏化营销案例中，刺激奖励是一个很重要的点，要让消费者在商家的活动中得到一个正反馈，这样才能刺激消费者有进一步行动。

虽然这条广告并没有很好地转化读者，但是对于百雀羚品牌来说却也是一个很好的宣传。百雀羚以独特的广告内容与方式引起了人们的注意，在具有一定热度之后事件开始发酵，到最后这个被冠上“顶级文案”标签的广告被大面积地传播、转载。用户可能还没来得及意识到这是什么事情，但是因为“顶级文案”的标签及事件的热度，会让用户不由自主点进《一九三一》进行观看。

在这场宣传风暴过后，如果说以前提起国产化妆品品牌，用户脑海里会出现很多像美加净、相宜本草、百雀羚等品牌，而现在用户会第一时间想到这个神级创意百雀羚。所以尽管没能获得很好的用户转化率，但是这条广告也在无形中提升了百雀羚的品牌影响力与知名度。

而在《一九三一》这样大获好评的广告之后，百雀羚也意识到了这种原生广告所带来的热度与流量。于是在随后的几次广告中百雀羚沿袭了《一九三一》的原生广告特性，并融合了产品特性，以“长长长长”式的广告多次获得大量热度，如图 6-4 所示。2017 年 7 月，百雀羚的一条长达 7 分钟的广告视频被微博@共青团中央点名表扬。

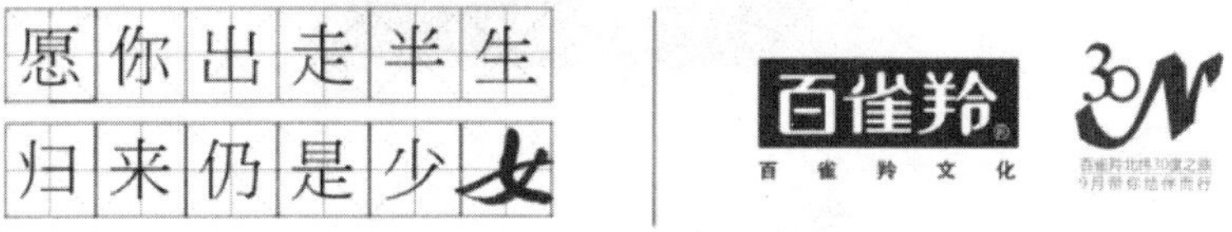

图 6–4　视频核心观点

百雀羚的这些广告不再是简单的宣传。广告以创意和深度为特色，而这两个特色也刺激着用户进行观看。同时广告里包含了百雀羚的品牌文化，用户在观看时可以清楚地感受到百雀羚的十足诚意，从而在心目中形成良好的品牌形象，产生高度的品牌认可。

6.2　激励设计四类元素

激励元素就是刺激用户的根本。企业在一个营销活动中设置了一些激励元素，就可以通过这些元素来更好地实现转化率的提升。本节将以从游戏中提炼出的量化元素、荣誉元素、递进元素及具象元素来做具体的案例分析。

6.2.1　量化元素：点数、积分

在 2016 年，马云针对支付宝实施了一个新政策，即支付宝要对用户提现收取一定的手续费。支付宝将提供给每个用户 2 万元的基础提现额度，当用户提现总金额超过 2 万元的时候支付宝就会收取相应的手续费。同时，支付宝还提供了一个可以进行免费提现的方式，这就是蚂蚁积分。这个时候支付宝就把花呗推到了用户面前，如图 6-5 所示。

图 6–5　蚂蚁花呗

花呗是蚂蚁金服的一款信贷服务产品，开通花呗之后用户就可以获得一定的消费额度来用于消费。同时花呗为用户提供长达 41 天的免息期，让用户在使用花呗进行消费的时候没有后顾之忧，同时也最大限度地保障用户的消费品质。

而对于支付方式的改变，现在的人也逐渐改变了传统的消费观念。“年轻就是花呗”是马云为花呗喊出的口号，而这句话也让很多学生或者刚刚开始工作的人心动不已。据数据统计，花呗有 8 成用户是 80 后和 90 后，而这些年龄段的人也是现在消费的主力军。

相比起信用卡的办理难度，花呗在开通方式上并没有设置很高的门槛，目的就是要让想用花呗的人都能够开通花呗。

花呗刚刚开通的时候会依据用户的天猫、淘宝消费情况给予不等的消费额度，最低 500 元，最高 3 万元。而花呗的消费额度主要是依据用户的使用情况来进行提升，比如花呗的使用频率很高、使用场景广泛等。除了这些，用户还要保证有良好的信用，如及时进行还款。

在花呗积攒蚂蚁积分、积分可以在支付宝上进行免息提现的良性循环中，支付宝用户慢慢地就在不知不觉中养成先用花呗进行消费的习惯。很多用户表示就算能够支付的物品也会先使用花呗，这样就可以有效提升额度。

蚂蚁积分除了能够进行免息提现外，支付宝还开启了很多其他十分诱人的积分兑换活动。比如，用于兑换权益，如某些视频软件的 VIP、阅读软件的 VIP 等，还可以进行实物兑换、抽奖及兑换周周乐。其中周周乐是支付宝回馈蚂蚁会员的一个免费抽奖，每 100 蚂蚁积分可以兑换一次抽奖机会，最高可以获得 4999 元大奖。

支付宝通过一个积分概念成功地让提现收取手续费与支付宝的花呗业务同时投入使用。在转变前期用积分引导用户，当用户习惯之后积分可以有效拉动货币的流通。

量化元素是可视化的一种体现，在游戏中，制作者通常会把一些活动任务中获得的积分及兑换条件明确地告知玩家，让玩家可以更清楚地知道自己还需要获得多少积分才能够进行兑换。

这种明确的设计让玩家在进行活动的时候可以有一个十分清楚的目标，不至于太盲目，而非常具体的量化数值能让玩家产生一种很直观的感受，即无论活动需要多少积分，都是一个明确的数字，无论这个数字是 10 还是 100，都是一个固定的数值，是有限的。用户可以通过完成相关任务所获得的分值来预估事件完成的可能性与时间，这样可以强化用户参与活动的目的性，可以帮助用户指明方向。用户有了明确的方向，而后才会参与到活动当中。

所以量化也可以强化用户的目标，目标会促使用户进行相关活动。在量化的作用下，用户明确了目标、途径和方向，每完成一个任务就会获得相应的分值，而分值的不断增长可以有效刺激用户想要达到目标的愿望，这种相互作用就形成了一个激励循环。

通过量化手段，把所有事件都分配了相应的具体数值，将无形的事物显性化、模糊的事物具体化。这样明确的定义为用户排除了所有不确定因素的干扰，所以用户在进行相关操作的时候就会胸有成竹。当每一个操作都有对应的正反馈产生时，用户就会受到激励，从而进行更多的操作。

在其他领域，通过可视化的操作量化积分、点数等元素，同样能让用户更加直观地看到与目标之间的差距，从而让用户更加有动力地朝着目标去努力。

6.2.2 荣誉元素：勋章、玩家明星榜

在正反馈机制中，获得荣誉是一个对玩家产生激励的有效途径。这个荣誉体现在勋章获得的数量、比赛排名的多少、装备分数的高低等，当这些排名、装备与之前相比有所提升的时候，玩家就会产生一种获得荣誉感，同时玩家需要不断地获得荣誉来满足自己的这一感受。

从《星际争霸》到《魔兽争霸 3》，到《Dota2》，再到《英雄联盟》，其实不难看出，尽管操作和内容在变化，但是核心的竞技性是不变的。喜爱玩这一类游戏的玩家对游戏内的名次有着特别的执着，其实名次本身对于玩家来说并没有那么重要，重要的是在比赛时与他人之间产生的联系。人与人之间的竞争性也由此体现。所以赢得比赛、提升名次都可以让玩家快速得到满足感，从而不断进行比赛。

很多竞技类游戏都有天梯排行，而专注于 pvp 对抗的玩家在每个赛季都会努力地打排名，以获得更高的名次和更高的分数。在赛季结束之后游戏通常会对一定排名之内的玩家进行特殊奖励，比如绝版称号、绝版头像、绝版皮肤等标志性物品。在游戏中，玩家将所获得的奖励进行佩戴之后就可以被其他玩家看到。这就像军人胸前佩戴的勋章一样，玩家也会因为得到奖励而感到自豪。比如《星际争霸 2》中的头像框从无等级到宗师，每一个级别都有自己特定的头像框，玩家无论是在好友列表，还是队伍信息中都可以看到自己或他人的级别。黄金头像框、钻石头像框分别如图 6-6、图 6-7 所示。

图 6–6　黄金头像框

图 6–7　钻石头像框

《Dota2》是一款多人即时对战游戏，同时也是一个竞技性极强的游戏。《Dota2》多年来举办了大大小小几十场的比赛，最开始只是在各个洲内部进行比赛。2011 年，《Dota2》国际邀请赛成立，简称 Ti。这个全球性的竞技赛事每年举办一次，除了 Ti1 是在德国举办之外其余都是在美国西雅图举办的。在 Ti5 举办的时候，《Dota2》就因高达千万美元的总奖金而登上舆论高峰，Ti6 的时候总奖金翻了一倍，达到 2000 万美元。

2007 年中国的 GL 战队获得亚洲赛区冠军，虽然在世界比赛上未能夺冠，却是中国 dota 第一次走出国门。2008 年中国的 EHOME 战队也获得了亚洲赛区冠军。这时候中国的 dota 玩家心中是充满希望的，顶尖战队的队员更是刻苦练习。而到了 2012 年，也就是 Ti 成立的第二年，iG 战队一举拿下了世界电子竞技大赛即 WCG 的总冠军，也将中国 dota 推向了一个新的高度。

《Dota2》世界级比赛给选手带来的不只是金钱，更多的是荣誉。国内多少 dota 玩家在听到 iG 名字的时候都会忍不住感叹一句“厉害”。而除了别人的赞美之外，荣誉感更多来自为国争光。就像在奥运会中，获得冠军的中国选手披着五星红旗站在领奖台上，场地中奏起了中国国歌，那一刻的荣誉会永远铭刻在人们的心中。

《Dota2》在 Ti2 赛事中除了会颁发给冠军队伍一个不朽之盾之外，还会为冠军队伍打造特制的冠军戒指，如图 6-8 所示。

勋章和奖杯是被赋予了特殊含义的物品，它们象征着实力与荣誉，无论是什么比赛，人们都希望可以夺得冠军。而如勋章、奖杯、名次等这些荣誉元素，都会对人们产生一个直接的有效激励，人们会为了获得冠军而夜以继日地训练、钻研。

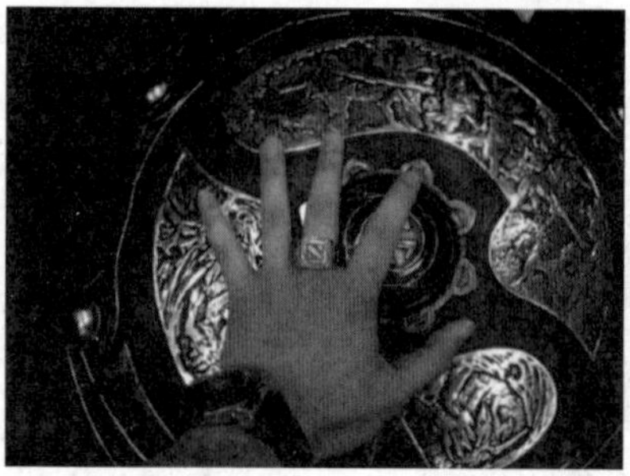

图 6–8　2012 年 Ti2 赛事 iG 战队冠军戒指及不朽之盾

通过荣誉元素激励用户的拼搏精神，而用户在与他人进行比赛的时候会激发出更加强烈的获得胜利的欲望。

6.2.3　递进元素：升级、进度条

《开心消消乐》是一款消除类的益智游戏，在玩法上除了把三个相同小动物连成一条直线进行消除之外，还包括合成一些纵向、横向、爆炸及指定消除等基本玩法。在 2015 年《开心消消乐》获得“最受玩家喜爱的移动单机游戏”奖。而这款游戏备受玩家喜爱的原因除了精美的画面外还有看似“简单”却总是“差一点”的升级路径。

图 6–9　《开心消消乐》藤蔓

《开心消消乐》的故事开始于梦之森林中掉入了一颗豌豆，这颗豌豆一夜之间长成了一条耸入云天的藤蔓，而村长的房子就在那高高的藤蔓之上，于是小动物们就开始了解救村长之旅。游戏的主画面就是这条高耸的藤蔓，玩家每过一关就会往上爬一点，从低到高，难度也逐渐加大，如图 6-9 所示。

消消乐团队在制作关卡的时候都会反复进行测试，保证让玩家每一个关卡都可以在 5 到 6 次的范围内过关。制作人甘玉磊曾打趣地说“有可能编的时候太高估玩家了，有的关卡玩了 20 次也没过”。玩家在玩游戏的时候如果很快过关就会快

速进入下一关，如果没有顺利过关而是“差一点”就会受到能力边缘的挑战，这样的挑战刺激着闯关失败的玩家反复攻打这一关。玩家在经历多次失败之后，终于成功过关，就会产生一种来之不易的感觉，也能在短时间内获得极大的满足感。

在层层通关之后，消消乐会根据不同的层数逐渐为玩家开放更多的新形式玩法，而消消乐也会在出现新玩法的阶段云朵上画出将要出现的新事物的样子。一个蜜罐、一片沙子，这样独立的形象总会引发玩家的无限猜想。

对于即将到来的未知事物，人们总是会抱有一种跃跃欲试的心态。于是每当玩家差几关进入下一个阶段的时候就会变得格外兴奋，而这个时候也是处于一个阶段的末尾，是一个阶段中相对较难的部分，但是此时玩家的好胜心会变得很强。玩家或许会失败很多次，但也会因为好胜心而产生一种越挫越勇的心理，从而不停地挑战直到通过为止。

在成功进入下一个阶段之后，难度相对又会降低，因为有新玩法的出现，如果难度太高再加之还比较陌生的新玩法，很容易就会使玩家产生退缩心理。所以每个阶段之间都是由易到难如此循环往复，而玩家也被很好地带入到游戏的节奏当中。

大多数 RPG（角色扮演）网游也是通过等级的提升来有效地掌控玩家心理。例如《天涯明月刀》的很多功能是随着玩家角色等级的提升而逐步开放的。玩家创建一个新的角色进入游戏，最开始是无法使用经脉系统的，这个时候玩家就要不断地做任务、升级，当角色达到 25 级的时候系统会自动为玩家开放经脉系统。除此之外还有一些特殊玩法，比如角色达到 35 级可以捕猎、44 级的时候可以开启不同的身份，如运镖或劫匪等。

游戏通过层层递进的方法让玩家逐渐获得更多的玩法，这样可以有效避免让刚刚开始游戏的新玩家在面对众多玩法时感到无从下手的情况，并且玩家在适应了现有玩法之后才会更加渴望获得更多有趣的玩法，而这些玩法将促进玩家进行等级的提升。

6.2.4 具象元素：礼物、虚拟流通货币、虚拟物品

近几年，随着用户需求的转变，网络直播也变得越来越受欢迎。直播平台都是免费为用户开放的，在直播平台上，用户可以选择任何一个感兴趣的内容进去观看。直播平台中的直播类型大体分为游戏直播、泛娱乐直播及电商类直播这三大种类。用户在进入到直播间的时候通常有两种可能，一是喜欢这个主播和他直播的内容，二是对直播间标题感兴趣。而在这些直播平台上，用户在看直播时给主播送礼物成了主要的消费方式。

当用户给喜爱的主播送礼物的时候，直播平台会依据礼物的价格进行不同程度的广告，具体分为全平台性质的广告和直播间内的广告。全平台的广告不论用户在哪个直播间都能看到，直播间内广告是只在送礼物的直播间内进行广告。

直播平台会提供从免费到最高两千元不等的礼物种类供用户选择。其中免费礼物依靠用户在平台直播间内观看一定的时间，当用户进入直播间之后就开始倒计时，当时间为零的时候用户就可以领取免费礼物。

比如斗鱼直播的免费礼物的时间从十分钟到一个小时不等，如果进入了下一个直播间，那么就会重新开始倒计时。

在斗鱼直播，当有用户在某个直播间内对主播送出千元礼物，如“飞机”等，平台不仅会进行全平台公告，还会开启抢鱼丸活动。因为鱼丸在斗鱼属于付费礼物，所以每当有人送“飞机”后都会有大量用户来进行抢鱼丸活动。当消费者送出“飞机”后，在屏幕左下方会有 15 分钟的礼物倒计时，当时间为零的时候用户就可以通过点击“领取”进行抢鱼丸。用户在送出“飞机”的直播间内发送弹幕会增加获取鱼丸的概率，发送弹幕越多，概率就越高。

每当有用户送出“飞机”之后就会迎来一波刷屏式的弹幕，这样的效果犹如“一石激起千层浪”一样，给用户无比震撼的感觉。直播平台的这种设计会让用户的消费行为产生一个连锁反应，而这个反应无限放大并满足了消费者的存在感。

存在感本身并不是对个人而言的，即话语和动作一定要有一个受体，存在感是在于外界对人们的动作、话语产生的一个有效回应。当用户在给主播送礼物的

时候主播都会对这名用户道谢，这就是一个有效回应。

用户给喜欢的主播送礼物，主播会念出消费者的账号 ID，并对其进行感谢。主播的这种行为会让用户得到满足，但是这不能有效增加消费行为。因为一句感谢的反应过于平淡，对于其他观看直播的用户来说还是不够强烈的。

而在有鱼丸领取的情况下，事情就变得不一样了。用户在送出礼物之后，不仅收到主播的感谢，还看到刷满一个屏幕的弹幕，这会让消费者获得一个强烈的视觉冲击。在双重反应下，用户的心理会得到进一步的满足。同时刷屏的弹幕也会给其他观看直播的用户一个视觉冲击，从而留下深刻印象。这个印象将会成为潜在的消费动力。

回应的质量不同，带给用户的心理感受也不同，质量越高的回应越能满足用户心理，让用户感受到一定的价值感，而低质量的回应则会让用户产生的价值感并不强烈，从而可能会导致用户不再进行某个行为。就像放烟花一样，如果一个人放了烟花，很多人驻足一起看，夸赞烟花好看，那么放烟花的人就会有一种成就感。但是如果这个人放了烟花，路人都还在行色匆匆地赶路，没有一个人抬头去看烟花、夸赞烟花，那这个人继续产生放烟花行为的概率就会相应地减少。

不管是礼物还是一些虚拟物品，这些东西的本质都在于使用户获得了一个正反馈，让用户获得一种满足感，别人的夸奖、羡慕、赞同都能够让用户在价值、成就等不同方面得到满足，从而促进了用户继续送礼物等行为。

6.3 激励运营三大模式

激励元素单个出现往往不能给用户最大限度的刺激，比如说游戏厂商会将 ACT 与 RPG 相融合，这样的 ARPG（动作角色扮演）类游戏可以更好地弥补游戏中的不足之处。把激励元素组合起来不仅可以弥补产品的不足之处，还可以通过元素间的配合达到更好的激励效果。

6.3.1 挑战+分享+荣誉

游戏的乐趣在于能够满足玩家内心需求。比如，当玩家通过打排位比赛，取得胜利后所获得的荣誉感；当玩家把胜利的战报分享到朋友圈中，得到别人夸赞的时候能够极大程度地获得成就感。这些都能有效地刺激玩家心理、提高玩家的积极性，从而让玩家不断地进行比赛、做任务。

NIKE+是耐克公司关于健康追踪应用程序及可穿戴设备的概括性总称。NIKE+的前身是 NIKE+iPod。NIKE+iPod 是耐克公司与苹果公司共同推出的一款运动音乐组件，而这款组件的宗旨也是要把运动和音乐结合起来。

在使用的时候，用户可以将 iPod 的芯片放在 NIKE 鞋垫底下的卡槽里面。当用户穿着 NIKE+的慢跑鞋跑步的时候，除了可以听歌之外还能够通过 iPod nano 了解到自己的跑步信息，比如跑步的距离、速度甚至消耗的热量等数据。这些数据都是通过 iPod 芯片进行无线感应得到的。

NIKE+支持用户将通过 iPod 芯片得到的跑步数据进行上传，以用于进行各种性能分析。同时 NIKE+还支持用户把运动记录分享到其他如 Twitter 等社交网站。而 NIKE+的社区自身也具有社交功能，用户在使用 NIKE+时会发布一个动态，好友或者社区内其他的运动同好在看到之后可以进行评论。

用户还可以在 NIKE+上开启一个跑步挑战，设置一定的公里数，并对好友发出邀请，共同完成这个挑战。每当用户完成挑战时内心就会获得极大的满足，然后把成功的喜悦分享到朋友圈里面，从而展开更多的挑战活动。这样的活动大大促进了用户之间的友好交流，也提高了用户与朋友在线下活动的质量。

在 2008 年，耐克公司在全球 25 个城市同时发起了 10 公里长跑比赛，有近 100 万的用户加入这个比赛当中。这个线下活动反响十分热烈，通过长跑比赛用户可以结交更多的跑步爱好者，同时耐克作为一个运动品牌也在长跑比赛中传递了品牌文化。

2013 年 NIKE+Run Club 微信公众号在中国上线，上线后仅仅过了 10 日，就有数以万计的跑步爱好者对其进行关注。跑步爱好者可以通过这个公众账号的跑团组建功能建立群组，用户们创建了 1000 多个以跑步为主体的群组。线下社交的融入让用户在使用时感受到乐趣的所在，同时也增加了用户之间的黏度。

耐克公司的 NIKE+能够把情感激励、乐趣及用户体验三者很好地关联起来。在使用中让用户感受到乐趣并成功挑动起用户的积极性，让用户真正参与进来，并在不断的挑战中产生共鸣，有效地激励了用户继续使用产品的行为。

在“挑战+分享+荣誉”的运用模式中，耐克公司灵活地运用了荣誉元素。用户会因为荣誉而愿意参与挑战，并且渴望在挑战中获得胜利。因为挑战是在用户之间发起的，可能会不计入排名，而无法公示就会减少用户的挑战乐趣。就像无人观看的比赛一样，如果失去了观众与喝彩声，选手就很难从比赛中找到成就感。而耐克公司将挑战与分享相搭配，完美地解决了这一问题。

用户进行挑战之后，可以把优秀的战绩与胜利的喜悦通过分享的方式告诉其他人，并在别人的夸奖与赞美中获得成就感，通过挑战和分享的模式，有效弥补了因为没有排名或名次而产生的荣誉感不够强烈的问题。这样，“挑战+分享+荣誉”的模式就可以很好地起到激励的效果。

6.3.2 奖励+惊喜+互动

红包对于中国人来说是一种习俗，过年时长辈会给未成年的孩子包红包，以此来对孩子进行祝愿并期望能把好运带给孩子。红包不管是长辈给晚辈的，还是公司给员工的，重点在于一个美好的寓意，所以微信的红包功能也应运而生。

微信的红包功能备受欢迎的原因，除了它符合中国人的习俗之外，还在于它充分利用了游戏化的思维，即红包不仅限于传统意义上的祝福，更是一种家庭、朋友间娱乐的方式。微信红包通过抢到红包的惊喜、拿到红包里的小奖励及趣味性的互动，潜移默化地融入了人们的生活交往当中。

当有人在微信群发出一个红包，这个红包通常设置分为 5～10 人份，那么第 11 个点击红包的人就没有红包可以抢了。这在无形中调动了大家的积极性，因为红包数量有限，先到先得。

而抢到红包的用户在拆红包的那一刻内心是十分期待的，不论抢到的红包中的钱是多还是少，都能让用户感到十分兴奋。这种兴奋源自一种不确定性，就像买彩票中了大奖一样，抢红包的时候人体内分泌出来的多巴胺也会让人们产生快感。

人们在抢红包活动中通常是不会在意红包中金额的多少的，相比之下人们更关心谁是抢到金额最高的“运气王”，以及谁是手气最差的那个人，就像小孩子在赛跑的时候除了会关注第一个到达终点的人之外，还会格外关注谁是最后一个到达终点的人一样。对于第一名，孩子们会觉得这个人很厉害，而对最后一名，孩子们会觉得自己比这个人厉害。尽管红包中金额的多少全看运气，但是也不妨碍人们产生这样娱乐性的比较心理。

对于人们来说，不论是发红包还是抢红包，都仅仅是一种社交行为，而非经济行为。一些家庭、朋友之间都会有一个用于聊天的微信群。如果用户什么时候想聊天，但是群里又没有人正在说话，这时候就可以先发个红包出来，人们在抢红包的时候自然而然地就会出来说话，因此也有人戏称微信红包为“生命探测器”。

在抢红包的时候冷清的群会瞬间热闹起来，人们喜欢参与到这样的互动活动当中。很多时候大家忙于工作，平时不能经常在一起聚会，而发红包能很好地调动起大家的积极性，让人们不自觉地参与到活动当中来。

微信除了有红包功能同时还有转账功能。微信转账相比起微信红包就更加正式，微信红包除了特殊节日之外每个红包的额度均为200元，而微信转账最高额度为20万元。微信红包发出后，如果对方在24小时之内没有领取，系统会自动退回给用户。但是在使用微信转账的时候，如果用户不想接收可以选择立即退款。另外，微信转账还可以设定到账时间，比如用户进行转账，对方确认接收之后可以进行实时到账、2小时到账和24小时到账三个到账时间的选择。而微信红包只提供“即时到账”这一种服务。

微信红包与微信转账这两种功能都能够用于支付，但是人们在交流的时候更偏向于红包功能，这是因为红包功能在人与人之间的交往中具有更强的互动性。因此，微信红包在人们的日常应用中已经不再是一个单纯的金钱交易方式，更多的时候会被人们应用在日常交流当中。因为发、抢红包的过程，可以以一种更加趣味性的方式调动起人们的积极性，促使人们参与到交流当中，如图6-10所示。

图 6–10　微信转账与微信红包

在互动的过程中融入惊喜可以增加活动趣味。让用户在活动中体验到乐趣，而乐趣的存在可以对用户起到有效的激励作用，让用户从最初的被吸引转化为自身的主动。所以说，乐趣是吸引用户参与到活动当中的关键，也是游戏化营销的核心所在。

6.3.3　等级+攀比+特权

在国内来说，玩家在免费游戏中投入的金钱往往比付费游戏中所投入的要多很多，因为在免费游戏中会引入很多新概念，比如特权。特权实质上就是一种特殊化，游戏公司会设置不同的会员等级，并为不同等级的会员开放不同的特权，从最高等级到最低等级呈包含式分布，即会员等级越高的玩家拥有的特权也就越多。

在这些免费游戏中，玩家通过游戏官方渠道消费了一定金额就可以成为该游戏的会员。当玩家在游戏中投入的金额越来越大的时候，玩家的游戏会员等级也会随之升高，从而获得更多的游戏特权。特权包括的内容很多，主要分为游戏特权和服务特权两大类，比如在游戏特权中可以点亮游戏的专属图标、获得更高品级的装备、获取稀缺性游戏的激活码等；服务特权中提供专属热线、自助冻结账号、物品恢复等功能。

拥有特权的玩家在游戏体验上会高于普通玩家，具体体现在更好的装备、更高的武力值、极品属性的宠物及相对较快的升级速度等方面。

武力值和主要装备挂钩。在 pve 中，玩家是以团队的形式进入副本进行挑战的，当团队中每名玩家的武力值都很高的时候，副本就变得相对简单。所以武力值越高的人越容易进入更高级的副本进行挑战。装备好的玩家会因此变得越来越好，而装备差的玩家则会被一直甩在先锋部队的后面，这就形成了马太效应。而在 pvp 中武力值会体现在技能伤害上，在手法、职业相同的情况下，技能伤害的数值就变得尤为重要。如果装备差得太多就意味着装备差的玩家已经在这个游戏中失去了竞争力，游戏体验自然不言而喻。

在游戏中每名玩家都可以拥有一个甚至多个宠物，宠物可以协同玩家进行作战，所以很多玩家都愿意花费很多金币材料去孵化、收购一个极品属性的宠物。宠物的属性是概率性产生的，只不过特权玩家可能会在会员礼包中获得一些极品属性的宠物。因为宠物可能会附带一些特殊加成，比如《诛仙》的宠物可以让玩家在一段时间内获得额外的攻击力，所以追求极限输出的玩家就会花费重金去购买极品宠物。

免费游戏通常会随着版本更新而不断提高等级的上限，在其他条件如投入的时间、金钱都相同的情况下，等级的高低就决定了玩家的体验。这时候玩家会为了更好的游戏体验而努力升级。而对于免费游戏来说，升级从始至终贯穿了整个游戏，尽管越到后期升级越难，但是玩家都不甘于人后。比起普通玩家脚踏实地地做任务升级，特权玩家就会拥有一些特权，比如说经验丸子、双倍经验丹等物品，这让特权玩家升级永远快人一步。

而特权玩家在免费游戏中所获得的体验是相对良好的，在装备分数排行榜、武力值排行榜等的排名都能让特权玩家获得成就感。在以上三点的基础上，普通玩家很容易产生一种攀比心理，因为游戏上的“变强”从来不是虚的，玩家可以切身感受到游戏体验的差距。这种攀比心理有效地激励了更多普通玩家在免费游戏中投入大量金钱，从而成为游戏会员的行为。

等级与特权都是相对的，这和水涨船高的道理一样，成为会员可能仅仅是一个开始，为了获得更好的游戏体验、更强大的角色，攀比心理会促使玩家不断地进行消费，而玩家也在不断变强的角色中体验到游戏的乐趣。

6.4 激励设计成功案例

将激励元素充分运用到营销中，可以帮助营销活动更加顺利地展开。同时因为激励元素的存在，用户会慢慢地由被动到主动，参与到营销活动当中来。这样不仅可以提高用户的活跃度，还可以提高用户的忠诚度。

6.4.1 Xbox Live：任务+玩家明星榜

Xbox Live 是微软公司开发的一个对战平台，主要服务于 Xbox、Xbox 360 及 Xbox One。Xbox Live 的功能十分强大，通过 Xbox Live，用户可以进行游戏、娱乐及分享活动。

在 2017 年公布的数据中，Xbox Live 的活跃用户数量已经达到 5300 万人，比 2016 年的 4600 万人增加了 700 万人。Xbox Live 可以保证如此大的活跃用户并且还在持续快速增长的原因也在于其完善的功能。

在游戏方面，Xbox Live 会持续为玩家提供大量的新品游戏，并且会随时保持游戏的更新状态，这样玩家可以通过购买和下载来保证游戏的更新情况，如图 6-11 所示。

图 6-11　Xbox 游戏购买

另外，Xbox Live 的每款游戏都有成就积分。据统计，在 Xbox Live 上，2.79% 的成就已经成了绝版成就，无法再获得了。而造成这一问题的主要原因是很多时间较长的游戏服务器已经关闭。

2013 年，Xbox Live 的主管在 Xbox One 首发活动中，向一名玩家赠送了一款白色限量 Xbox One 和一个纯金打造的金会员奖牌，这是 Xbox Live 全球首个终身金会员资格。这名玩家名叫 Ray Cox Iv，他能获得如此殊荣是因为他以超过 953000 分的游戏积分居于全球第一。

在 2014 年，玩家 Ray Cox 在 Xbox Live 平台上的积分成就达到了 1000000 分，Cox 对于游戏成就的热爱超过了众人的想象，他使用 Xbox Live 玩游戏长达 8 年之久，而要获得 1000000 分对于 Cox 来说平均每天要获得 300 多分的成就。而 Cox 的 Xbox Live 账号也因为这 1000000 分成就，成为全球第一个成就积分达到百万的游戏账户。

在 Xbox Live 中，有很多游戏玩家以收集成就为乐趣，Xbox Live 也利用成就系统在主流的次世代与 RPG 游戏中占据了一席之地。在 Xbox Live 的成就排行榜上会有玩家通过的各种各样的稀奇成就，比如说游戏在线 70000 小时成就等。

这些喜好收集成就的玩家会反复玩同一个游戏，目的就是获得那些难以获得的成就。例如 Xbox Live 中的《特技摩托 HD》游戏，在游戏中，玩家通过油门、刹车、类比杆三个操作来控制摩托。而这款游戏中有一个让玩家十分头痛的成就，那就是“绝不屈服”。“绝不屈服”成就要求玩家在赛道上仅仅依靠油门和刹车来操控摩托达到终点，在摩托行驶的过程中出现一点失误都会导致任务失败，对于玩家的技术和耐心是一大考验。虽然难度很大，但是成功之后的成就感也是巨大的。

除了玩家自己玩游戏，Xbox Live 还支持联机功能。当 Xbox Live 用户购买了金会员资格之后，就可以与其他玩家联机，一起进行游戏探索。

为了奖励这些金会员，也为了鼓励更多的银会员成为金会员，Xbox Live 每个月都会将一些需要付费购买的游戏，通过限时免费的方式提供给金会员玩家。

除此之外，Xbox Live 还推出了一个名叫 Xbox Quests 的活动，这也就是常说的 Xbox 任务。Xbox Live 每个月都会更新三个任务给金会员玩家，这些任务相对比较简单。同时，Xbox Live 的金会员任务还会不定期地推出一些奖品来奖励金会员玩家。2018 年 4 月，Xbox Live 公布了最新的金会员任务，并宣布完成这些任务的金会员将有机会得到一款 24k 纯金的天蝎座 Xbox One 主机。

这样的奖励方式，可以刺激用户对于 Xbox Live 的使用。而又因为金会员任务的难度不高，奖励丰厚，同时金会员在进行游戏购买的时候还会有大量的优惠，这些条件累加起来会刺激更多的人成为金会员。

在用 Xbox Live 进行游戏之余，用户还可以通过 Xbox Live 观看影片。而依靠 Xbox Live 完善的社交功能，用户可以把喜欢的视频、照片通过 Facebook 进行分享。

Xbox Live 仅仅通过一个平台就让用户实现了娱乐、分享一体化的畅快体验，并且从玩游戏、观看影片等多方面来激励用户的使用。同时为了继续扩大用户群体，微软逐渐将 Xbox Live 的市场向 Windows 10 延伸。Xbox Live 可以在 Windows 10 上顺利运行，这为 Xbox Live 带来了更多的用户。

6.4.2　ShopKick：虚拟流通货币+奖励+竞赛

ShopKick 是美国一款鼓励消费者进入实体商店进行消费的移动应用程序。ShopKick 于 2010 年推出，并在一年之内与美国 64 个大型连锁商城、25 万家零售商店及 40 个品牌建立了合作关系，这些商家中包括百思买、沃尔玛、梅西百货等百货零售商，以及卡夫、联合利华和 P&G 等品牌公司。

ShopKick 相对于 Foursquare 来说是一次功能上的改良，ShopKick 更注重精准的定位系统及确认。当用户使用 ShopKick 进入商店时不会因为定位偏差而产生不愉快的消费行为，以保证用户的良好体验。并且 ShopKick 开始关注线上线下及消费者和商店之间的价值传递，为 LBS 与 O2O 的融合做了一个有效的尝试。

ShopKick 鼓励人们多去实体店进行消费，并且提供虚拟币“kickbucks”和签到积分功能。当用户进入商店或者扫描商店中的某样商品就可以获得虚拟币，而虚拟币可以和 Facebook 中的 Credits 进行兑换，或者在某些合作商店中用户可以把虚拟币当作真实货币使用。而签到功能则是要用户真正走入实体商店中，

ShopKick 会为用户定位当前位置，并提供给用户商店位置。当用户走进一家实体商店的时候，用户手机就会自动进行识别，并且自动获取签到积分，有效杜绝了假签到的可能，从而为商家找到忠实用户。

用户在获得积分后可以在实体商店兑换商品或者其他优惠。同时 ShopKick 会根据商店自身的定位设备来完成用户走入实体商店的确认工作，并且 ShopKick 会搜寻用户在商店内的具体位置，对用户进行实时特定商品推送。当用户距离优惠商品越近，那么多获得的积分也会越多。

ShopKick 的好处在于，当用户走到商店的时候就会发出“kick”的声音。“kick”就是 ShopKick 发放给走进商店的用户的奖励。ShopKick 用特殊的提醒声音提醒用户获得奖励，这样每当用户听到“kick”声音的时候都会产生一个条件反射，即获得了奖励，从而变得兴奋。

用户听到“kick”就会变得兴奋，除了特殊的声音之外更重要的在于奖励本身。ShopKick 的奖励包括礼品卡或者一些合作商店的折扣券。这样的奖励促使更多的人走进线下实体商店。ShopKick 的奖励发放条件包括但不限于用户产生的消费行为。只要人们走进商店或者扫一扫店里的条形码，即便没有进行消费也能够获得奖励。如果用户走进商店，并且在商店内进行了消费，那么这名用户将会获得更多的奖励。

据数据报告显示，2011 年 ShopKick 的活跃用户已经超过了 300 万人，一年内有 500 万人通过 ShopKick 进入实体商店，商品扫码次数高达 1200 万次。用户在 ShopKick 软件里查看相关优惠信息达 10 亿次。据透露，一个和 ShopKick 进行合作的零售商，在一年的时间里销售金额增加了 5000 万美元。ShopKick 这一款让用户走进实体商店的软件也由此大获成功。

ShopKick 通过走进实体商店就会获得虚拟货币和奖励的方式，成功将用户从线上消费引导至线下消费。在这一过程中，虚拟货币和奖励都是激励用户进入实体店的手段。在用户产生想要购买的需求时，ShopKick 会为用户找寻距离最近的商店，真正地方便用户进行线下消费。

在把用户引导到实体商店之后，ShopKick 并不强制用户进行消费，而是以用户消费为最终目的。所以每当用户进入实体商店，就会自动获得签到积分、优惠奖励及虚拟币，这样用户在看到想要购买的商品正在优惠之后就可能会主动进行购买。

通过 ShopKick 的引导，以及奖励、优惠的多重协作，用户自发产生的购买行为有利于用户对 ShopKick 软件的使用，从而可能产生再次购买的行为。

第 7 章

游戏化营销全攻略

本章将会对一个营销活动的开始、引入、发酵等环节做详细介绍，这些环节都是在为最后的提高转化率服务，也就是实现企业营销的终极目标。本章将从吸引用户、提升用户参与度、扩大品牌曝光度及提高转化率四个方面来对游戏化营销进行全面分析。

7.1 如何做到“吸引用户关注”

一个营销活动开始时，最关键的是要吸引用户注意到这个活动，所以在这一节将会介绍如何正确吸引用户。

7.1.1 “轻游戏”操作简便

以前的游戏总是通过重复的任务、复杂的操作及麻烦的副本机制将玩家“捆绑”在游戏中，而现在，新的手游、端游层出不穷，游戏市场也已经从供小于求逐渐转变为供大于求。在这样激烈的竞争形势之下，游戏厂商纷纷开始简化游戏操作，用良好的用户体验来占领市场。所以在做游戏化营销的时候也一定要注意操作的便捷性。

社交型游戏、网页游戏、手机游戏等都属于“轻游戏”的范畴，除了游戏自身体积小之外，这些游戏也具有操作简单便捷的特性。

这里用网页游戏（以下简称页游）来举例。据数据统计，页游收入在 2009

年到 2010 年两年实现了 200%的野蛮增长，而随后几年也相对稳定地保持着 50%的增长速度。相对于端游来说，轻操作、轻时间、轻流量、轻资费这四点就是轻游戏的特点，也是页游深受广大玩家欢迎的原因，如图 7-1 所示。

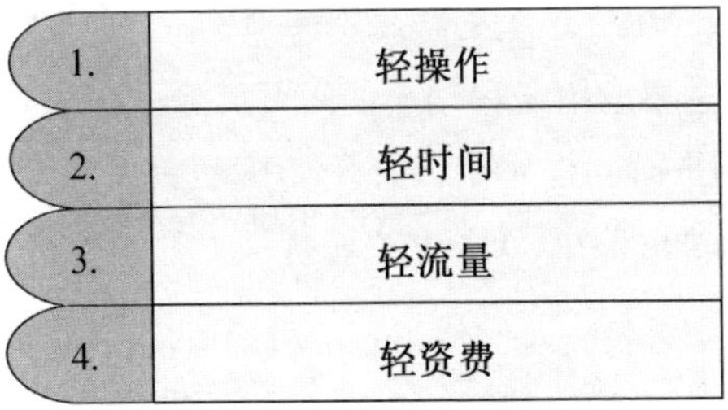

图 7–1　轻游戏的特点

首先，轻操作。大多数的页游都是以娱乐为主，不需要复杂的操作，很多时候只需要玩家动动手指点击鼠标就可以轻松完成任务。这也是轻游戏的核心，即简化操作，免去过多的步骤。

简化操作在某种意义上是把新老玩家的因为对游戏的了解而产生的差距缩减到最小。这种差距减小对于新玩家来说可以快速上手，而且不会像端游一样，新玩家要一直追赶老玩家的步伐，从而影响游戏体验。

其次，轻时间。相比较来说，端游需要用户花费大量时间进行下载安装，而页游是以网页为载体的，打开浏览器搜索就可以进入。页游的游戏环境相对比较轻松，在页游中玩家不需要投入大量的时间进行升级、做任务、打装备等活动。

再次，轻流量。因为无须下载，页游比端游节省了大量的流量。而大部分页游对于流量的消耗本身就很少。在用户流量限额的时候，页游不但可以为用户节省流量消耗，而且可以让用户进行趣味游戏。

最后，轻资费。页游对于玩家来说几乎没有收费门槛，玩家不投入额外的金钱就可以进行游戏。

云游控股集团董事长兼 CEO 汪东风曾说："首先，以页游为代表的轻游戏无须下载。点开即玩，充分利用了云端服务技术；其次，轻游戏能让玩家充分利用碎片化时间得到愉悦轻松的体验，本质上属于一种互联网服务。"对于轻游戏来说，汪东风认为它既不是软件也不是产品，而是一项服务。

轻游戏的目的就是让玩家可以更加快速、便捷地获取、使用游戏。通过不断地简化操作、简化安装等方式，优化用户体验，并用优秀的用户体验来吸引用户使用。

随着技术的发展，2017 年 H5 游戏迅速走红。H5 本身是一系列制作网页互动效果的技术合集，主要应用于移动端的网页页面，而 H5 游戏也就是移动端的网页游戏。H5 游戏和页游同样属于轻游戏，H5 也具备轻操作、轻时间、轻流量、轻资费这四个特点，除此之外，H5 游戏还具备了轻设备的优势。

随着智能机的高度普及，人们使用智能机的时间已经慢慢超过了使用电脑的时间，普通的手机游戏软件依然无法避免下载安装、占用大量内存等情况，而 H5 游戏轻松融合了所有“轻”特质，从电脑走向了智能机。

用户媒介的转换同样体现了用户“轻游戏”的趋势。电脑需要鼠标、键盘、显示器、主机四个组件，而现在一部手机就可以将其代替。在电脑上可以完成的一些操作用手机也可以完成，而且手机在操作程度上远比电脑简单。

简化操作已经逐渐成了主流趋势，用户会以更便捷的操作方式对产品进行主观判断，并对更加便捷的产品投以更多关注。

7.1.2 风格轻松，娱乐性强

随着人们思维的开阔，传统的运营方式很难再引起人们的注意，所以在对运营方式进行改善的时候就应当以吸引人们的关注为目标。而吸引人们的途径有很多，在游戏化营销中，企业要让营销像游戏一样。人们在玩游戏的时候首先是在享受一种乐趣，可以抛去所有的烦恼，精美的画面及有趣的任务让人们感觉很轻松、感觉到趣味所在，这样就自然而然地引起了人们的关注。

除了营销方式娱乐化，很多企业也把产品自身进行了娱乐化，比如酷家乐软件。酷家乐是一款室内装修效果图在线设计软件，该软件提供为用户设计房屋、为企业设计办公区等服务，同时酷家乐还免费为用户提供个人设计软件。用户在使用该软件时可以迅速定位到要装修的房子的户型，然后自己进行装修设计。

酷家乐软件为用户提供大量真实的家具模型和素材，并提供 720° 全景展示。

同时酷家乐在操作上十分简便，用户可以选择不同的模型来装扮房屋，然后由酷家乐软件的极速渲染功能进行渲染，这样用户就可以很直观地看到自己设计的房屋效果图了。在使用时有趣便捷的操作会让用户感觉是在玩一个换装小游戏，软件强大的渲染功能让用户得到即时反馈，也深受用户的好评。

除此之外，酷家乐的目标是让用户真正感受到“所见即所得”。目前由于一些家具生产地的问题，用户设计出来的房屋效果图并不能百分之百地实施到现实中，所以在未来酷家乐将会努力实现设计与生产的对接，让效果图与现实实现百分之百重合，也让想要装修房屋的用户真正爱上酷家乐这款软件。

酷家乐软件备受欢迎的一个重要原因就是把很难的问题简单化、娱乐化了。用户在“玩”的过程中就可以制作出想要的装修方案。而用户在电脑前一个简单的点击动作，背后承载的是酷家乐团队独立研发的 ExaCloud 渲染引擎、一键智能设计及一键智能匹配功能。这些高端技术支持着用户在使用软件时可以得到最好的用户体验。

M&M’s 推出新产品的时候，M&M’s 官方曾在 Facebook 上发布了一条动态。这条动态是一张排列了许多 M&M’s 巧克力豆的图片，M&M’s 官方让用户帮忙在众多巧克力豆中找出一个椒盐脆饼，如图 7-2 所示。

图 7–2　M&M’s 小游戏

这样一个“大家来找茬”的趣味小游戏瞬间调动起了用户的积极性，用户纷纷参与到这个小游戏中。在很短的时间内，M&M’s 的这条动态就被 25000 个人点赞，有 6000 多人分享了这条动态，以及产生了 11000 条评论。只用了这样一个简单的趣味性小游戏，M&M's 就成功地为自己的新口味椒盐脆饼做了一个很好的宣传。

产品情感化的目的就是让用户在使用的时候感觉面对的是一个有情感的人，而不是物品。麦当劳的 logo 和产品大量使用鲜明的黄色和红色，从心理学角度来说，红色可以引起人们的刺激并且会让人们产生食欲和饥饿感，而黄色是会让人感到幸福与亲近的颜色。红色与黄色搭配起来可以刺激人们的用餐欲望。除了麦当劳，黄色与红色的搭配组合被大量运用到了食品包装行业。

在情感化的基础之上，适当地包装产品可以让用户感受到产品所传递的信息。比如，美国的僵尸类游戏色调通常为低亮度的中间色和冷色调，给玩家营造了一个恐怖的氛围。

而使用轻松、娱乐性强的风格进行产品包装，则可以更容易地吸引到用户的目光。用户在使用产品的时候也会被产品的风格所感染。

在进行产品宣传的时候，轻松、娱乐性强的产品风格可以增大用户对产品的接受程度，并且可以有效降低用户的抵触情绪，从而获得更多的关注。这样将有利于企业产品的营销与传播。

7.1.3　把控好难易程度

对于游戏来说，操作的难易程度很大程度上影响了玩家的数量和游戏的发展。因为操作越复杂的游戏，就意味着玩家要花费越多的时间在了解游戏上面。新玩家刚刚进入游戏时，对游戏的了解不够深入，而老玩家因长时间接触而对游戏了如指掌，新老玩家之间的差距就会被逐渐拉大，这样的游戏环境不利于新玩家的进入。如果一个游戏长期没有新鲜血液进入，那么游戏热度也就会逐渐降低。

《星际争霸 1》是一款对玩家操作要求非常高的游戏。在游戏中，每个种族都拥有 13～15 个不等的单位，在进行比赛的时候，玩家要对生产出来的每一个单位进行有效管控，并且还要通过对战局的观察来进行生产单位及战略的调整。这样手、脑并用导致操作量极其巨大。在《星际争霸 1》中会常常会提到 APM，即每分钟操作的次数。在职业比赛中，选手的 APM 通常可以达到 300。

随后《星际争霸 2》简化了《星际争霸 1》的部分操作，比如可以群选建筑进行编队，farmer 生产出来之后可以自动进行采矿等。但是对于大部分人来说，简化过的《星际争霸 2》的操作还是太过于复杂。

于是，一款以战术为主的《魔兽争霸 3》就出现了，在《魔兽争霸 3》中体现了英雄的概念，每一个英雄都有特殊的技能。玩家的战术也将围绕着所选的英雄展开。

战略和战术，一个是宏观一个是微观，对战斗大局上进行的侧重划分并不能让玩家操作更简便，所以在《魔兽争霸 3》的基础之上 dota 便应运而生。

《Dota2》相比起《星际争霸 2》和《魔兽争霸 3》操作简化了太多。在 dota 里，玩家只需要控制一个英雄就可以进行比赛了。《Dota2》中没有种类繁多的兵种，但是每一个英雄都拥有很多技能，比如说曾经拥有最多技能的英雄卡尔，在巅峰时期一共有 27 个技能。

在 dota 之后，LOL 的热潮又强势来袭。因为 dota 局限于魔兽的操作，对于新手玩家来说不够人性化，LOL 在这方面则进行了优化，让玩家在初次玩的时候也能够进行良好的操作。并且 LOL 把 dota 中的操作空间缩短了，比如在 dota 中玩家可以通过正反补、绕树林等方式来进行对战，在 LOL 中则把这些舍去了。同时 LOL 把所有英雄技能精简为了 4 个，让玩家可以更快熟悉英雄，方便操作。

LOL 经过简化之后，即便是新玩家也可以轻松了解英雄的使用，再搭配上游戏指引，新老玩家之间因对游戏的了解而产生的差距会被大大缩短。新玩家容易上手，这样才会有更多玩家进入游戏。

经过近 20 年的发展，竞技游戏的操作性也慢慢从最初的极其复杂变得逐渐简化，这种趋势不是由游戏厂商决定的，而是游戏厂商根据玩家的喜好与偏向逐渐摸索出来的规律。而这个规律也普遍符合现在人们的心理。过于复杂的游戏由于门槛太高，使得新玩家难以生存，就算有很多玩家慕名而来，但面对这样复杂的操作，这些新玩家大部分也都随着时间的流逝而慢慢流失了。

《开心消消乐》的制作团队在制作每一个关卡的时候都会对难度进行严格把控，并且多次对同一关卡进行测试。因为太过简单的通关会让玩家感觉到无趣，而难度太大又会让玩家卡在某一关无法继续，从而导致玩家对游戏失去兴趣。这两种都是不可取的。

在营销中，活动每多一个步骤就会产生10%～50%的用户流失率，在满屏幕的营销活动中，用户没有足够的时间去深入了解每个活动的具体操作。有趣的活动会激起用户的兴趣，用户会选择继续参与；而过于复杂的流程则会让用户失去耐心，进而导致用户的流失。所以对于活动中某些环节的难度设定要仔细考量，既要能体现出产品本身的特点，还要把难易程度把控在用户能接受的范围之内。

7.1.4 企业与客户互惠互利

企业与客户之间是相互依存的关系，企业依托于客户而产生，客户从企业的产品中获益。所以企业与客户之间要遵循互惠互利的原则，在发生交易的时候，企业与客户的目的都是非常明确的。只有双方都能获得利益或好处时，才能够实现交易。

这样的关系就像犀牛和犀牛鸟。犀牛的皮肤粗糙且坚硬，但是皮肤的褶皱之处却十分娇嫩。一些体外寄生虫、吸血蚊虫就会在这些又嫩又薄的褶皱处，把口器刺进去吸食血液。犀牛感受到刺痛却又无能为力。犀牛鸟作为捕虫高手可以用喙轻而易举地啄食掉犀牛褶皱皮肤中的蚊虫。除了给犀牛驱赶蚊虫外，犀牛鸟还可以帮助视力不佳的犀牛进行侦查，当有危险出现的时候犀牛鸟就会通过鸣叫来提醒犀牛。

海洋中的红海葵和海葵虾也是这样。红海葵的触手上长着剧毒刺细胞，当猎物被红海葵触手上的刺细胞刺到，很快就会丧失反抗能力，而海葵虾擅长捕食但自卫能力较差。于是海葵虾和红海葵联合起来，海葵虾用两只螯各夹一只红海葵，海葵虾进行捕食，在遇到危险的时候就用红海葵的触手来进行防范，而红海葵可以吃海葵虾剩下的食物。

蜜獾和导蜜鸟也常常进行合作。蜜蜂通常会把蜂巢筑在树上，蜜獾很难找到蜂巢。而导蜜鸟目光敏锐，当导蜜鸟发现蜂巢之后就会去找蜜獾，并通过扇动翅膀、发出声音来吸引蜜獾的注意。蜜獾生性凶猛、好斗，在发现蜂巢之后会尽一切可能赶走蜜蜂，然后咬碎蜂巢饱餐一顿。等蜜獾吃完之后导蜜鸟就开始独自享用蜂蜡。

互利互惠的过程就像玩跷跷板一样。两个人分别坐在跷跷板两端，一个人往下压，另一个人才能翘起来。两个人要交替进行下压，这样循环才能使两个人都在这个游戏中获得乐趣。如果两个人都想翘起来，而没有人愿意下压，那么这个游戏就无法进行下去。

企业与客户互惠互利的过程，是双方受益的过程。所以"受益"就是吸引客户的重要因素。在买卖过程中，由于双方所处立场不同，看待问题的角度也是不同的。如果企业为了自己的利益，一味地向客户进行推销，那么用户很容易就会产生抵触心理。这也是有时候客户与企业之间会产生对立情绪的原因。

在交易过程中，企业要站在客户的角度进行需求分析，并且明确地告知客户这个交易将会给客户带来什么样的利益，这样客户就不会片面地对企业的推销产生抗拒心理。

互惠互利是达成交易的基础，同时互惠互利还有利于企业与客户之间形成良好的交易气氛。互利互惠还有利于业务的发展。据统计分析，企业发展一名新客户所要投入的成本是巩固一名老客户成本的 5 倍，当客户与企业之间形成了互利互惠的关系之后就会建立一种相对稳定的状态，并在不断的互利互惠中发展成为企业的忠实客户，有利于企业可持续发展。而企业的发展又将会给客户提供更好的产品与服务。

7.2　如何增强与用户间的互动，提升用户参与度

一个好的营销活动中用户的参与是必不可少的。只有用户参与到活动当中，企业才有机会进一步将产品展示给用户。提升用户参与度的两个有效制度分别是奖励制度和比分制度。奖励制度是游戏本身给予用户的刺激，而比分制度则是作用于用户与用户之间的，以比分的形式完成用户之间的相互刺激。

7.2.1 奖励制度

奖励即动力。在著名的斯金纳箱实验中，人们可以清楚地看到小白鼠对于按摇杆而获得食物的反应——小白鼠会拼命地按摇杆。在这个实验中小白鼠对食物的需求并不是很强烈，但是却出现不停按摇杆的动作，这就是奖励所带来的刺激。

有一个经典小故事。一名老人在家中静养，但是每天到下午放学的时候就会有一群孩子在他家的草坪上踢球，孩子们追逐嬉闹让老人无法休息。于是老人就用金钱作为奖励，孩子们来踢球的时候老人给孩子们分发金钱，并说自己喜欢热闹，希望孩子们经常来踢球。

当有一天老人以经济困难为由不给孩子们钱的时候，孩子们就像是失去了应当获得的奖励，然后再也不到老人家的草坪上踢球了。老人用奖励把孩子喜欢踢球的内部动机转化为了“让老人觉得热闹”的外部动机，当失去奖励的时候孩子们就失去了继续来为老人踢球的动力。

很多玩家在游戏中是一名“成就党”，即以做成就为游戏目的的玩家。这些玩家有的喜欢获得成就时的满足感，有的喜欢通过集齐多个成就而获得专属道具的成就感。无论是哪一种，都是游戏厂商设置的专门奖励。很多游戏会在玩家刚刚开始玩的时候，对玩家进行一定的引导，让玩家通过一些简单的操作来获得成就，获得成就的时候通常会有特殊的音效，并且成就会出现在醒目的位置，引起玩家的注意，这极大限度地刺激了玩家想要获得更多成就的心理。

除了“成就党”，游戏中的 pvp 及 pve 都是有自己的特殊奖励的，比如说 pvp 玩家在进行 pvp 活动的时候可以通过击杀敌对阵营玩家来获得 pvp 装备，pve 玩家可以通过副本来获得 pve 装备或者是某些副本产出的特殊物品等。

TetraBIN 是由白林松提出构想并完成架构的一款垃圾桶。这个垃圾桶集智能与交互与一身，2014 年在悉尼成功投入使用。TetraBIN 的外表是一个 LED 屏幕，整个垃圾桶身一共包含了 2700 个灯组。在垃圾桶内部装有传感器，当有垃圾扔入的时候，垃圾桶就会模仿垃圾在桶内下落的情形，并在垃圾桶外部产生一个画面。

另外，TetraBIN 还有不同的情景模式。比如，TetraBIN 可以模拟俄罗斯方块小游戏。当几个人依次往垃圾桶内扔垃圾的时候，桶外的面板上就会显示与所扔垃圾大小相似的俄罗斯方块，根据人们投入垃圾的顺序，这些相对应的方块就会像俄罗斯方块游戏一样在板面进行堆叠，如图 7-3 所示。TetraBIN 还可以模拟宠物养成游戏，人们扔入垃圾桶的垃圾会在面板上显示成食物，当人们把宠物喂饱的时候还可以得到积分，这个积分可以用于奖品的兑换。

图 7–3　TetraBIN 垃圾桶

在上述三个案例中，奖励分别是金钱、成就及趣味游戏，人们在参与活动的过程中会受到来自其他方面的奖励，这个奖励会引起人们对活动的兴趣，从而产生参与游戏的行为。而不同形式的奖励可以有效促进人们的参与行为，这就说明了奖励只是一种激励手段。无论是金钱还是心理上的满足抑或是有趣的一件事，只要能引起人们的兴趣，那么就是一种奖励。

从奖励变为刺激，这样就将概念抽象化了。而且比起奖励，刺激所覆盖的面会更广泛。比如小浣熊干脆面曾推出过一系列的推理连环画，当时的科技水平还没现在这么高，纸质的漫画、小人书是孩子们经常看的。而在这个活动中，每一包小浣熊干脆面里面都有一本推理连环画，孩子们会因为想看推理连环画而多次购买小浣熊干脆面。连环画在这里不是一个奖励，因为这是人们通过交易所得到的，用刺激来形容会更加合适。

所以，企业应该灵活运用这些手段来刺激用户，引起用户的兴趣，当用户对产品或活动产生兴趣时，参与度自然就可以提高了。

7.2.2　比分制度

比分是一个动态的衡量标准，当出现比分的时候就意味着有输赢、有冠亚之分。分数会激发起人们的好胜心，让人们更加努力地去进行比赛。

《Flappy Bird》是一款单机游戏，这款游戏于 2013 年上线，2014 年爆红。这

图 7–4 《Flappy Bird》玩法

款游戏是一个名叫 Dong Nguyen 的越南独立开发者开发的。游戏机制十分简单，玩家需要控制小鸟在高低不等的水管口处安全通过，可以通过点击屏幕控制小鸟上升，同时在屏幕上方有一个计数器，来计算小鸟飞过的水管根数。这款游戏是典型的像素游戏，即用像素处理图像，像素游戏画面并不精致但是轮廓清晰，并且像素游戏通常更注重游戏性。

Dong Nguyen 在设计《Flappy Bird》时只有两个目标，一是让游戏更加简单，《Flappy Bird》只需要通过一根手指点触屏幕就可以控制小鸟；二是娱乐性，因为高频率的死亡，Dong Nguyen 为小鸟接触到管道而死亡时加入了特殊的音效，如图 7-4 所示。

《Flappy Bird》虽然规则简单但是机制却十分难，因为在这个游戏中，小鸟飞行时不是匀速的，根据下落的高低不同，速度也不相同。据测算，现实中的重力加速度为 $9.8m/s^2$，而《Flappy Bird》中的重力加速度为 $9.75m/s^2$，这样真实的模拟让玩家在操作的时候会感到有些吃力。但是这款游戏的下载量却已超过 5000 万，一举获得各大软件商店的下载数量第一名，仅仅依靠游戏内置的广告条，Dong Nguyen 最近一个月的日收入就高达 5 万美元。

这样一款高难度的像素游戏爆火离不开比分制度。很多玩家在初次进入游戏之后常常连两根水管都无法通过，通常情况下游戏厂商不会设置这样高难度的游戏，因为玩家在进入游戏之后就一直通过失败会打击大部分玩家的积极性，但是 Dong Nguyen 是一个独立开发者，他不需要考虑这些。当玩家玩了《Flappy Bird》，并且多次死于第三根水管而郁闷地关闭游戏时，发现朋友或者其他人连第二根水管都无法通过，3 和 2 的对比会让玩家瞬间对游戏产生极大的兴趣。

比分的存在本身就是对玩家的一种刺激，比如《Dota2》中的天梯。天梯是一个排名系统，由于 dota 平台存在某些玩家使用外挂取胜，导致游戏的竞赛环境变差，于是 11 平台就率先变革，推出了天梯系统。

进入天梯中，每名玩家的初始积分均为 1200，当玩家选择加入游戏时，系统会为玩家匹配水平相近的对手进行比赛，即玩家与对手在比赛中的胜率各为 50%。每一局共有 12 分钟，系统会根据玩家在游戏中的输赢及杀敌数、死亡数、助攻数、金钱等来给玩家评定积分。同时系统会给玩家设置预期分数，即当系统对玩家使用的英雄给出的预期分数为 2100，但是玩家最终只获得了 1800，通过加权计算，那么即便是赢了比赛但是在天梯分数上也做相应的扣分。这样的匹配机制有效避免了某些玩家恶意刷分的行为。

天梯的比分制度苛刻且明确，有效地维护了游戏竞技环境，同时天梯的分数的含金量也会越来越高。如果比分制度不完善，或者是比赛环境存在明显缺陷，就会造成用户大量流失的局面。网易推出的《决战！平安京》在比赛制度上就存在不完善的地方，由于没有强硬的惩罚措施，很多玩家在比赛处于劣势局面时出现挂机行为。

这样的游戏环境不利于玩家产生强烈的竞技感，没有竞技因素比分也就失去了意义。所以在 dota 天梯这样的公平、积极的竞技环境中，玩家可以展示出自己的真实实力，各有 50%胜率的匹配机制激发出玩家更强烈的获胜欲望。这样的游戏环境不仅可以提升玩家的参与度，而且可以使玩家在与对手交战的过程中相互学习、共同进步。

比分是利用人们的攀比心理，促使用户不断地参与到活动当中的一种手段。比分可以给用户带来胜利与荣誉，合理地利用比分可以增加用户之间的友好竞争，从而提高用户的参与程度。

7.3　如何做到“品牌大幅曝光”

品牌曝光度越高，就越容易被人们接触到。本节主要从软性植入和“粉丝”的分享两方面做介绍。在软性植入中，企业可以通过进行营销活动，让用户自主为企业进行传播，然后凭借热度再由媒体进行报道，达到最大程度的品牌曝光。而“粉丝”自发地分享是基于品牌或人物的个人魅力的，而后再加入一些适当的刺激就可以营造一个良好的品牌曝光活动。

7.3.1 软性植入

据统计，2017 年我国网民数量已达 7.72 亿，全年新增网民约 4074 万人，而每天的流动新闻数量远远超过了 4 亿。在这样巨大的流量带动下，软性植入的广告可以很好地为企业打开市场，并以独特的表现方式吸引到人们的眼球。

2015 年江小白以一个《友情岁月》情怀视频成功走进了人们的视线。视频以曾经风靡一时的电影《古惑仔》主角“山鸡哥”和“陈浩南”为引子，让已经各自生活的人们不禁怀念起还没出人头地时，朋友们聚在一起的时光，也成功引出了观众心里的那一段往事。或许人们很快就会忘记视频的内容，但是人们会清楚地记得那句“在友情岁月里，江小白陪你醉过”。

这段视频播出后，仅仅依靠用户群体自身的传播，24 小时内的视频播放量就突破了 100 万，随后就是各大网络媒体和纸质媒体对这段视频及江小白品牌进行的相关跟踪报道，至此由各大媒体将整个营销活动推向了高潮。

江小白的软性植入开启了新的营销方式，即软文营销。人们在看惯了电视、视频中的硬广告之后，已经慢慢开始对广告产生了免疫心理，普通的广告已经无法快速且大量地博得人们的眼球，因为在看广告的时候用户就已经意识到这是一个广告，这个时候用户就会自动开启免疫功能，广告的内容很少能真正被用户看在眼里。

而软性植入广告是以文章、视频为媒介，通过讲述一个故事或者传递一个信息的途径把产品展示在人们面前。软性植入的好处就是用户在开始并不知道这是一条广告，而优质的软性植入广告是，用户在看完之后依旧不认为这是一条广告。

江小白的广告就属于优质软性植入广告。因为江小白软性植入的不仅仅是产品，更是一种产品文化。而在视频中讲述的也不仅仅是一个故事，更重要的是在向用户传递“友情岁月”的信息。

用户在观看《友情岁月》时，就仿佛看到了自己。视频中的故事情节可以将产品无缝带入。也正是因为没有画面违和感，所以用户在观看的时候不会觉得产品出现得十分突兀。用这样完美的融入，使用户对于这个情节完整、寓意深刻的故事产生了更深层次的感触。

用户一旦与故事所传递的信息达成共鸣，就可以更加容易地接受产品被赋予的特殊意义。从而使用户对江小白这个品牌产生了高度的认可。

在营销策略上，江小白把营销的产品定位重点放在了年轻人身上，并以此提出了“不回避、不惧怕，任意释放情绪”的宣言，准确地把握了年轻消费者的心理，并且抓住了年轻消费者的生活痛点。

江小白在走出视频、走进现实的时候并没有失去那份情怀。在江小白的瓶身，通常都印有不同的碎片化语言，比如，“我把所有人都喝趴下，就为和你说句悄悄话”“最想说的话在眼睛里、草稿里、梦里和酒里”“愿十年之后我还给你倒酒，愿十年之后我们还是老友”等。这些语言虽然看起来无趣，但是却能得到消费者的认同，并且很容易让消费者把这些话语影射到自己身上。所以每当消费者在喝江小白的时候，都会被这些带有情绪的碎片化语言再一次营销，如图 7-5 所示。

图 7–5　江小白包装

江小白用情绪化的碎片语言对自己进行包装，应和了对产品文化的定义，同时也迎合了广大年轻消费者的消费心理。

这样的软性植入应用十分广泛，一个产品搭配上一个完整的故事，这种原生广告可以有效地提高用户的接受程度。例如之前红火一时的软文高手薛之谦，他的软文时常占据微博热度第一的位置，以轻松搞笑的风格深受网民的喜爱。

所以类似于江小白这样的软性植入不但不会引起用户反感，反而会激发用户兴趣，用户往往会通过转载、评论、点赞等方式来表达对产品的喜爱。用户大量转载、评论等行为，可以有效地增加产品的曝光度。

7.3.2　“粉丝”自发分享

特斯拉最初名为特斯拉汽车公司。特斯拉汽车公司的创业团队成员主要来自美国硅谷。在 21 世纪初期，传统汽车厂商的制造思路还是以底特律为代表的燃油系统，而特斯拉团队则使用 IT 的理念来制造电动汽车。

特斯拉汽车的广告很少，特斯拉创始人马斯克曾表示自己不想把精力和金钱花在除了做好产品以外的任何地方，并且在马斯克看来，投入少量精力就可以获得更高订单，但是这并没有意义。马斯克说：“这就像经营一家餐厅，如果你需要一个半小时来制作汉堡包，你难道会鼓励更多的人订购更多的汉堡包吗？”

特斯拉电动汽车深受高收入的环保人士喜爱。因为电池组的产能限制问题，特斯拉汽车的产量远远跟不上订单的数量，所以特斯拉官方也很少为特斯拉汽车做宣传，并且把财力和物力集中在了汽车本身。正是特斯拉这样对产品及顾客认真的态度，很多特斯拉汽车的“粉丝”常常会自发地为特斯拉汽车做视频广告。

2017 年，一名五年级的美国小女孩给马斯克写了一封信，在信中小女孩说道：“我注意到你们没有做过广告，但很多人给特斯拉制作了精彩的内容，很专业也很有趣，所以希望你们能举办一场‘粉丝’广告大赛，并让获胜的作品真正在电视上播出。”

马斯克对于用户的反馈也十分重视。在收到信后不久，马斯克就在 Twitter 对这一封信进行了公开回应，他认为女孩的这个主意很棒，所以特斯拉将会像女孩建议的那样，举办一个广告评选活动。

在众多参赛作品中，获得票数第一的作品出自一位知名科技博主之手。在这位博主的广告里，特斯拉变得十分接地气。视频中博主充分为人们展示了特斯拉汽车强大的储存空间，除了超大的后备厢，特斯拉的前车盖打开也能装东西。

第二名的作品和特斯拉以往的广告片类似，在视频中，特斯拉像“地面上的宇宙飞船”一样。第三名的作品中，女主持人用飞快的语速向人们介绍特斯拉的优点，比如说依靠电力驱动、炫酷的车型、加速快、超大储物空间等。

事实上，不仅是 2017 年的这个“粉丝”广告大赛，在 2014 年，数字内容工作室的一名实习生为特斯拉汽车做了一个广告视频，就连马斯克都对这个广告青睐有加，并且在 Twitter 上向特斯拉的“粉丝”推荐这个广告。

特斯拉“粉丝”对特斯拉的喜爱不单纯是因为特斯拉汽车的环保。比如，特斯拉汽车的前端并没有像传统汽车那样装有发动机、变速器、冷却装置等，很多汽车厂商费尽心思研发汽车碰撞后让发动机下沉的技术，但效果都不是很理想。而特斯拉则通过改变传统车身结构，从根本上解决了碰撞安全性问题。在 NHTSA

（美国高速公路安全管理局）的碰撞测试中，特斯拉汽车获得了最高的 5 星安全评价。

特斯拉为了汽车的安全性能，还从车身材料上做了相关优化，因为特斯拉的电池组比较笨重，而整体车身重量会影响到汽车惯性、加速等问题。所以，特斯拉采用了铝合金车身搭配电池组来协调车身重量，同时铝合金的延展性比传统钢材要好，在发生碰撞的时候可以有效吸收碰撞能量。

发动机等组件后置及铝质车身给跑车带来了非常大的安全性能的提升，所以即便正面发生严重碰撞，蔓延区域也会被尽可能地限制在汽车前端。

特斯拉用心做产品的态度是“粉丝”愿意自发为其做视频广告的原动力。而通过这一次的“粉丝”视频广告大赛，特斯拉当时的新型车 Model3 的销量也有所上升。

“粉丝”在这次活动中充分展现了自己对特斯拉品牌的喜爱，特斯拉给予“粉丝”的这个平台也让人们对特斯拉品牌的好感度提升。在这样的活动中，“粉丝”切身地感受到自身参与到了特斯拉的生产环节，提升了“粉丝”的归属感与认同感。

7.4　如何做到“促进销售转化”

“促进销售转化”也就是提高转化率。当转化率提高的时候就意味着产品的从推广到最后的订单生成过程中某个或多个环节中的用户流失率减小，所以提高转化率是营销人员在各个营销策划活动中的首要目标。

7.4.1　设置活动奖励方式

为了更有效地促进用户的参与，企业可以设置一定的活动奖励，并以此来刺激用户的参与行为。在设置活动奖励的时候要尽可能地避免用“功利”性的方式去刺激用户。

Frey and Oberholzer-Gee 针对人们对金钱补助所产生的心理做过一个试验。

瑞士在某个社区准备建立一个核废料处理站，这样社区的居民就要搬迁到别的地方，于是当地政府对该社区的居民做民意调查。第一次进行民意调查的时候有50.8%的居民同意核废料处理项目在社区落户，并愿意搬迁到别的地方，有44.9%的用户持反对意见，另外有4.3%的用户表示无所谓。

当地政府为了让更多的社区居民同意，于是表示愿意为社区居民提供补偿金，以补偿居民的搬迁费用。而当对社区居民再次进行民意调查的时候，只有24.6%的居民愿意核废料处理项目落户。这样一个逆反性的结果被心理学家称为挤出效应，即外在刺激可能会对用户的内在刺激产生挤出效应，从而使用户的参与意愿减少。

为了避免这样与企业目标相违背的事情发生，在设置奖励的时候可以从三个方面对用户进行渐进性诱导，分别是活动的创意、奖励的层次及奖励的可得性，如图7-6所示。

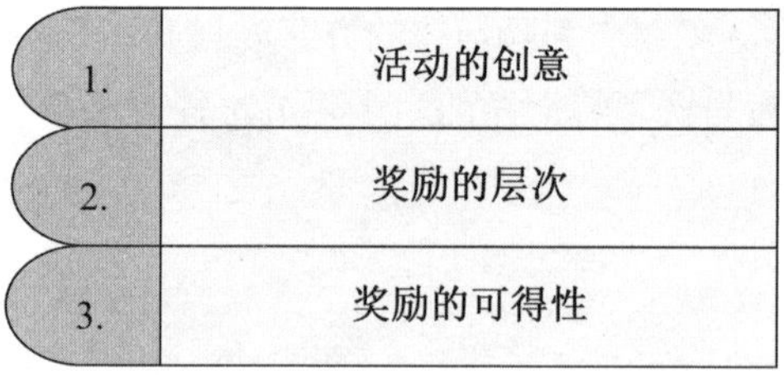

图7–6　诱导用户参与的三个方面

2017年，随着圣诞节的来临，《英雄联盟》推出了无限火力雪球大战的活动。

首先，活动的创意。无限火力模式最早推行于2014年，在无限火力模式中，玩家所使用的英雄所有魔法值与能量值的消耗均降低为零，并且英雄的大部分技能和召唤师技能的技能冷却时间都将缩减80%。这样大幅度降低游戏难度可以快速吸引到玩家的目光。

其次，奖励的层次。在创意活动的吸引下，很多玩家都会参与雪球作战这个活动，但是如何将这些玩家留在活动当中呢？这就可以利用层次来对玩家类型进行分类。

在雪球作战中，一共有四个获得雪球的途径：

（1）活动期间登录游戏。

（2）向一段时间未登录的好友发出作战邀请，并且玩家与邀请的好友完成比赛。

（3）在所有战斗模式中进行匹配或排位赛，并且获得胜利。

（4）在“英雄联盟高校狂欢周”进行预约或观看直播，并且进行相关任务分享。

这四个途径，每完成一个都可以获得一个雪球，其中登录游戏与进行预约两个任务在活动期间仅可以领取一次，这个任务是面对所有玩家的，不论玩家是否在活动期间进行了比赛，都可以获得雪球。

通过邀请一段时间内未登录的朋友进行游戏，从侧面帮助游戏进行了一个老玩家召回活动，而通过这个途径获取雪球也是相对来说较容易的一个，所以玩家会因为雪球而对老朋友发出游戏邀请。通过让玩家与玩家之间进行互动，可以有效增加玩家之间的黏度，可以保持游戏的热度。

而喜欢进行比赛的玩家在各种战斗模式中取得胜利就可以获得雪球。雪球大战通过四个任务，把玩家的完成程度划分出了三个层次，不论是哪一类玩家都可以参与到活动中。

最后，奖励的可得性。因为无限火力模式的难度很低，玩家在操作英雄的时候可以完全不用考虑能量值、魔法值。操作越简单，玩家之间的差距也会越小，所以用这样的方式可以增加玩家的胜率，从而提高玩家的可获得感。

雪球可以用于兑换一些游戏物品，比如说用 1 颗雪球可以获得七天的英雄和皮肤，5 颗雪球可以兑换一个符石碎片，12 颗雪球可以兑换经验加成卡，20 颗雪球可以随机兑换一套永久的英雄皮肤。整个活动持续近一个月，玩家有充足的时间进行雪球的获取、兑换活动。

《英雄联盟》通过对创意、层次和可得性三个方面进行设计，让玩家从最开始被新奇的游戏创意所吸引，再通过任务获得道具，并以此来进行游戏内道具的兑换活动，这样可以避免使用过于“功利”的目的来完成对玩家从吸引到转化的过程。

7.4.2 用户接受度更高

用户更好地接受是促进转化的根本所在。提高用户对营销的接受度，那么就意味着用户对这次营销的认同，在产生认同的基础之上才可能进行转化。要使用户的接受度变高，就一定要注意营销内容与方式的选择，如图 7-7 所示。

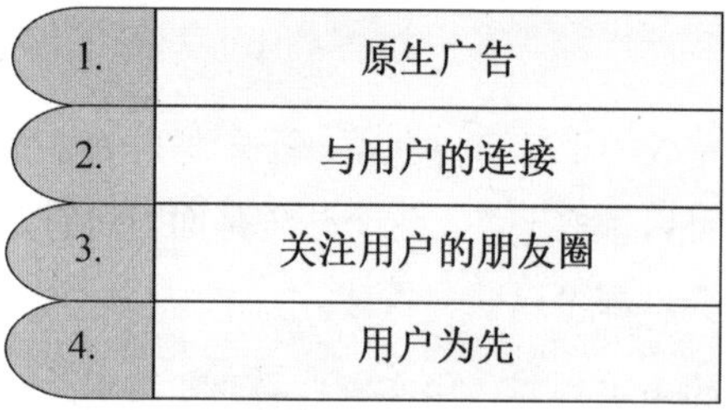

图 7–7　营销方式的选择

首先，原生广告。原生广告并不是一个明确的定义，而是一个概念。对于原生广告的解释众说纷纭，不过对于原生广告的特点总结出了三条相对比较清晰的定义，即广告内容的价值性、内容的原创性及用户的主动性。

近些年，克里奥、戛纳、莫比、纽约广告奖这世界五大广告奖中频频出现泰国的获奖作品，在国内社交软件如微博上也经常转发泰国的一些热门广告，慢慢地，泰国广告在不知不觉中被贴上了“走心”的标签。用户在浏览网页的时候看到泰国广告会忍不住点进去，很多用户表示泰国广告猜中了开头猜不中结尾，甚至有人说“如果不是广告最后打出来商标和产品，简直就是一个微电影”。

泰国广告能获得如此高的评价与赞誉，就是因为泰国广告属于原生广告，每一个视频广告都是一段故事，而不是单纯的产品广告。泰国广告把产品和广告内容进行完美融合，产品的出现在剧情上不会让人感到突兀，这样的软性植入既不会破坏画面和谐，又很好地为产品做了宣传。同时，这样极具故事性、内容新颖、让用户猜不到结尾的广告成功引起了用户的观看兴趣，用户会因各种有趣的桥段而把广告进行分享。泰国高质量的广告在宣传产品的同时也获得了人们的认可，从而提升了用户的接受度。

其次，与用户的连接。据移动支付数据统计，2018 年我国移动支付用户已达 5.27 亿。因为无银行账户支付和社交支付的驱动，移动支付交易额在 2022 年将会是 2016 年的 2 倍以上，即从 2000 亿美元上涨至 5710 亿美元。移动设备在用户生活中的渗透率将急剧上升。如 Apple Watch、iPad 等，苹果已经把更多的关注点放在了用户的使用设备上。Apple Watch 就相当于一个手表形式的 iPad，而 2015 年 Apple Watch 的销售量大概为 1060 万部，作为一款配件这个销量已经是十分惊人的了。

再次，关注用户的朋友圈。当用户发现有趣的事情的时候总是会发一条动态消息。比如在玩《王者荣耀》的时候，赢了之后可以把战绩分享到朋友圈，这样用户就在不知不觉中成为产品的宣传者，而朋友圈也是用户接受度最高的一个地方。人们总是会因为朋友的推荐而去看某个电影、吃某样食物。

最后，用户为先。企业不是艺术家，可以做一件与生活完全无关的事情，也不需要在意旁人的眼光。企业所生产的不论是产品还是服务，最终都是用于消费、面向消费者的。企业要关注用户的使用体验，并积极改善不良之处，给予用户良好的反馈，让用户对产品产生认可。除了接受用户反馈之外，企业还要注意产品自身的数据信息，从这些信息中分析用户行为，从而对产品进行改善，提升用户的接受度。

提升用户接受度最根本的方法就是提高用户的使用体验。不论是原生广告还是连接用户、朋友圈等，其最终目的都是让用户有一个良好的体验，用户如果体验好，那么对产品的接受度就自然而然地提高了。

7.4.3 提升购买欲望

购买欲望是消费者购买商品或服务的动机、愿望和要求。消费者产生了购买欲望并不意味着一定会产生购买行为。决定购买欲望的因素有两种，一是顾客自身的需要，二是顾客购买产品或服务的预期利益。比如说消费者在外办公，天气十分炎热，这个时候买一瓶矿泉水是消费者自身的需求，而办理一张交通卡就属于预期利益，因为办理交通卡之后用户不用考虑身上是否有足够的零钱，只要带着一张卡就可以了。

提升购买欲望首先考虑顾客自身的需求方面。当顾客产生需求，而这个需求没有被满足的时候，顾客就会产生购买欲望。

需要的层次也多种，根据马斯洛的需求层次理论可以得知，这五个层次从低到高依次为：生理需要、安全需要、归属需要、自尊需要及自我实现需要。尽管人们需要满足的需求层次不尽相同，但是方法是有迹可循的。

比如淘宝的“双十一”，据统计，2017 年淘宝“双十一”的全天交易额为 1682.69 亿元，刷新了 2016 年 1207 亿元的纪录，同比增长了 39.36%。

“双十一”是一个起源于网络的促销节日，在每年的 11 月 11 日，淘宝都会开启一个大型的促销活动。在这一天包邮、“满减”、降价等字眼遍布淘宝页面，这些字眼有效地刺激了顾客的购买欲望。这是因为顾客受到了“非理性”因素的影响。对于一个产品或服务，顾客都会有一个心理期望价位，这个价位是基于市场价格的。当现实价格低于、甚至远低于顾客的心理价位的时候，顾客就会认为这笔交易很值。所以无论是包邮还是“满减”，实质上都是在原有价格上做减法，一个产品或服务在品质不变的情况下，价格越低，顾客产生的购买欲望越大。

Alrosa 是全球第二大钻石生产商，除了生产，Alrosa 同时也参与钻石制造和销售业务。据报道，Alrosa 2017 年全年钻石总成交额为 42.7 亿美元。并且 Alrosa 预测，2018 年钻石的需求会适度增长。

对于钻石这样的奢侈品，顾客在消费的时候会有一个心理账户。在这个心理账户中，顾客会主观地对消费进行划分。比如夫妻二人在结婚的时候买一对钻石婚戒，当两人戴上这对婚戒时，婚戒的价值就已经远远超过购买它的价格了。因为这个时候人们在心里已经把婚戒消费划入了情感账户里面。所以具有特殊含义的物品也能有效提升顾客的购买欲望。

提升购买欲望的第二个方面就是顾客购买产品或服务的预期利益。比如，理发店会推荐来理发的用户办理会员卡，用户在办理会员卡之后会享受一定的折扣。如果是出差办公，商务人员一定不会办理会员卡，因为商务人员仅仅是来出差，在外地办理理发点会员卡没有任何预期利益。而如果是消费者在自家小区的理发店理发，通常会选择办理会员卡，按照一个月一次的理发频率来说会员卡的预期利益就会变得很大。

从顾客自身的需要与购买产品或服务的预期利益两个方面，都可以针对产品进行开发，消费者有需求的产品就通过促销刺激消费者，消费者短期用不到，但是长期会产生一定利益的，就注重分析购买之后的长期利益，这样就可以有效提升顾客的购买欲望。

7.4.4　提升转化率

提升转化率可以让企业以更低的成本获得更高的利润，所以企业经常会在如何提升转化率上做功课。

转化率是期望行为人数除以总人数得到的。这里的期望行为就是指企业希望目标做到的行为，比如购买率中“购买”的行为，点击率中“点击”的行为，等等。

因为总人数在活动中通常是固定的，所以提高期望行为人数这一变量就可以有效提高转化率。

漏斗模式是广告营销中很成熟的一个分析模型，所以在此用漏斗模型进行转化率分析。漏斗模型有五层，分别对应了用户在搜索时产生的五个环节，包括将产品展现在用户面前、用户产生点击动作、访问主页面、咨询产品相关问题及最后的订单生成。在这五个环节中，每一个环节都有可能出现因各种各样的原因而导致的用户流失，而最后的总转化率就等于每一个环节转化率相乘，如图 7-8 所示。

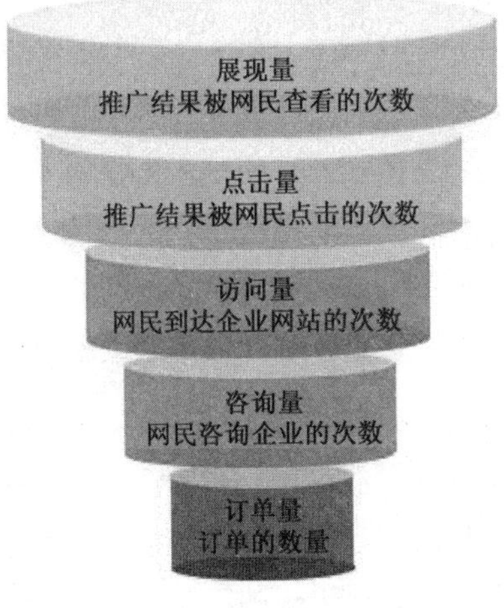

图 7–8　漏斗模型

以用户的转化率为例。对于软件开发者来说，安装数量是一个非常重要的指标。一款软件，从下载到安装，然后再注册，以及之后的长期登录，每一个环节都会产生用户的流失。

当用户了解到一款新软件，并对这款软件产生兴趣之后就开始进行搜索、下载。如果软件的投放平台过于单一，可能导致用户在其常用第三方平台中搜索不到这款软件，这就会造成用户的流失。

用户成功搜索到软件就开始下载、安装。安装完成之后，用户开始准备使用软件时，软件会提醒用户先进行账户注册。在进行注册的时候就会产生各种各样的问题，比如说软件权限问题、手机验证码接收问题、过多的必填项目等。在用户填写注册申请时所进行的每一步都会产生用户流失。如奥卡姆剃刀原则一样，在做产品的时候要做减法，把不是必要的步骤全部舍去。

腾讯的通信软件目前是国内使用最广、最完善的账号系统。唱吧软件在 2012 年刚推出的时候就接入了腾讯，2013 年据腾讯官方统计，每天有 50%左右的唱吧用户是通过 QQ 账号注册的，并且 QQ 登录的转化率是普通登录的 2 倍。

用户在使用 QQ 登录的时候只要在 QQ 中确认授权就可以直接进行注册登录，极大程度地免去了不必要的操作，而且在使用时也不会产生任何不便，与普通注册登录后的效果一样。

在这个例子中，首先要明确目标是什么，要对什么转化率进行优化。唱吧通过 QQ 登录这个插件有效提高了注册转化率，QQ 登录与传统的注册差别就在于 QQ 登录十分便捷，不需要填写一系列表格。其次就要找出影响提高转化率的因素，在这里即注册时产生的问题和烦琐的操作步骤。再次要对这些因素进行权重分析，用户在注册时因为哪一个因素流失的比例大，那么哪一个因素的权重就大，在唱吧案例里，烦琐的注册操作权重比较大。最后就对这些因素进行优化，技术层面出现的问题就多加研究，操作流程方面的问题就简化操作。

现在越来越多的软件都开始简化注册，比如说在使用腾讯旗下的软件或者是与腾讯合作的软件时，用户可以选择 QQ 账号登录或者是微信账号登录。而没有如此强大的社交软件做支持的网易则选择网易邮箱登录，网易邮箱是国内第一个电子邮箱，用户基数十分庞大，所以用邮箱登录也是一个有效避免注册的方法。除了邮箱登录，网易还可以进行验证码登录，这个功能现在应用也是十分广泛。

这些便捷的操作省去了用户在真正使用软件之前的烦琐步骤，一点即注册登录有效避免了在这一步的用户流失，从而提高了转化率。

第 8 章

营销游戏推广技巧

如果说营销注重的是转化率，那么推广注重的就是一切可以为企业带来利益的方面，比如说品牌形象、知名度、销量等，所以一个好的营销活动搭配上合理的推广将会让企业得到事半功倍的效果。推广渠道主要分为线上和线下两种，本章将会分别做具体案例介绍。

8.1 线上推广渠道

随着科技的发展，网络对于人们而言逐渐成了日常生活中必不可少的一部分。人们的线上行为增多，就有利于产品及服务的线上推广活动的开展。下面四个小节中将分别介绍时下被广泛应用的几个线上渠道。

8.1.1 二维码推广

二维码是移动设备上的一种编码方式。二维码是以特定的图案、按一定的规律、在平面分布的黑白相间的图形记录数据符号。二维码编码密度高，且编码范围广泛，有强大的容错力，即使二维码因污渍等损坏也可正确读取信息。同时二维码可靠性高，还能进行额外加密技术的引入，读取方便，因此慢慢已经成了当下较为流行的推广、获取、支付手段。

近两年“一物一码”逐渐被大众熟知。消费者在购买的时候，产品上都会有一个专属的二维码，而“一物一码”就是通过二维码把消费者、流通过程及企业有效地连接起来的技术。

“一物一码”可以帮助消费者进行防伪。不同于传统防伪标签，“一物一码”不需要消费者手动输入序号，只需要消费者用手机进行扫码即可知道产品的真伪，操作更加便捷。

目前市场上，尤其是电商市场上，假货、冒牌货越来越多，冒牌的衣物会给消费者带来经济上的损失，食物、化妆品则会给消费者的身体健康带来隐患。为有效杜绝假冒伪劣产品，企业通过一物一码技术，对产品进行部分改造，这样每个产品都会拥有一个独一无二的二维码标识。消费者在收到产品的时候可以扫一下二维码，从而准确鉴定产品的真伪。

另外，扫码行为还可以让消费者有效连接企业。高品质的产品是企业对消费者的承诺，“一物一码”也让消费者对产品的质量更加认可，进而提升对企业的认可。

2015 年恒大为恒大冰泉推出“一瓶一码”的营销模式，在一个月内销售额超过 7 亿元，比 2014 年同期增长了 180%。“一瓶一码”活动发码量为 10 亿个，半年就获得了 3.5 亿次扫码，扫码率达到 35%。恒大冰泉的“一瓶一码”让消费者购买后可以真正地做到查明水源，产品质量得到认可。同时，消费者在扫码查询信息的时候还可以获得一些奖励，恒大冰泉此次“一瓶一码”旨在打开市场，所以在奖励方面是十分丰厚的，比如说扫码百分之百中奖，其中现金中奖率高达 33%，另外恒大冰泉还开启了积分抽奖活动，奖品包括苹果手机和佳能相机等，如图 8-1 所示。

图 8–1　瓶盖内“一物一码”

用户在进行扫码的时候就已经和企业产生了一个互动，当这个互动得到一定反馈的时候就会刺激用户的重复行为。奖励可以是现金，也可以是“再来一瓶”，这些奖励能促进用户的扫码行为，从而使产品得到有效推广。

同时，企业可以基于二维码大数据不断地收集和分析消费者数据，并用这些数据绘制用户画像，这样可以帮助企业准确地定位人群，从而更好地制订营销策略。

8.1.2　H5 推广

2017 年腾讯公益联合深圳“是爱佑未来”慈善基金会和 WABC（无障碍艺途公益机构）推出《小朋友“画廊”》1 元购买公益活动。这项活动以 H5 为载体，一经推出就刷爆了微信朋友圈，快速获得了大量的关注，如图 8-2 所示。

图 8–2　《小朋友“画廊”》

腾讯公益成立于 2007 年，在这个平台上几乎每天都会有公益活动上线，但是这些公益活动并没有被大众广泛知晓。“用艺术点亮生命”是深圳“是爱佑未来”慈善基金会的一个项目，在上线之后这个项目一直处于不温不火的状态，直到“用艺术点亮生命”的子项目《小朋友“画廊”》H5 上线，才真正得到宣传。

《小朋友“画廊”》中的作品是一些自闭症儿童和智力障碍儿童创作的，这项活动的目的就是在于帮助那些患有精神、智力障碍的人，如自闭症、脑瘫等特殊人群，消除社会偏见，让他们能够融入社会，实现自我价值。这项活动一上线，在短短 5 个小时内就成功募集到资金 1500 万元，捐款人数多达 580 万。

《小朋友“画廊”》这个公益募捐活动能够如此快速地完成，主要得益于 H5 页面的应用。依靠 H5 页面，无论是电脑用户还是手机用户都可以无差别浏览网页的内容，而且 H5 页面不需要消耗大量流量下载，传播起来速度会更快。

H5 是 HTML 第五次重大修改后的版本，也可泛指通过 H5 制作出来的各种数字产品。H5 最强大的地方在于它有极强的兼容性，不管是电脑端还是移动端，Windows 还是 Linux，安卓还是 iOS，都可以显示。

在《小朋友“画廊”》H5 中只有两个页面，第一个页面是“我心中住着一个小朋友”，第二个页面是这些自闭症、智力障碍患者的画作。用户可以通过左右划屏来欣赏每一幅画，并且在画作下面都有对作者及画作的介绍。同时这个 H5 的背景音乐别有深意地使用了《Vincent》，《Vincent》是由唐·麦克莱恩创作、纪念印象派画家凡·高的歌曲。

在《小朋友“画廊”》的底部是募捐板块，在这里用户可以捐 1 元钱以善款的形式购买画作，并且用户可以把购买的画作分享到朋友圈中，在让别人欣赏这些画作的时候，也让更多的人了解到这个活动。

《小朋友“画廊”》最初拟定为线下活动，举办方展出这些画作，并在旁边附上二维码，但是这个活动却在 8 月通过 H5 的形式意外上线了。在大获关注之后，《小朋友“画廊”》也在地铁以电子画的形式进行了线下展览，人们可以通过扫描作品二维码来进一步了解作者及画作。

H5 的优点就是可以在各种媒介、平台、系统上进行无缝浏览，在制作的时候不用考虑用户的机型与适配性问题，极大限度地降低了开发、运营的成本。同时用户在浏览 H5 页面的时候可以快速进入页面，而且不需要进行下载。H5 提供了新的框架和平台，企业和个人在使用时不需要添加第三方插件就可以制作图形、版式、动画等，这样的 H5 可以让用户花费较少的流量获得极高的视听体验。

8.1.3　第三方电子市场推广

据 2016 年到 2017 年两年的第三方应用商店用户规模数据显示，2016 年第一季度我国移动网民人数为 6.3 亿，第三方应用商店的用户为 4.47 亿人，2017 年第三季度移动网民人数为 7.37 亿，第三方应用商店用户为 5.02 亿人，第三方应用商店的渗透率在 2016 年略微减少，2017 年开始平稳增长。第三方应用商店的用户渗透率越高，就越有利于第三方平台上产品的推广。

目前，国内的应用市场种类繁多，主要是为安卓系统和 iOS 系统平台而做的软件商店。iOS 有自己独立的苹果商店，而安卓则是百花齐放，有诸如 360 手机助手、腾讯应用宝、豌豆荚等很多第三方软件商店平台。

2017 年，在应用商店覆盖率方面，360 手机助手以 23.5%的份额占据第一名，随后是腾讯应用宝和百度助手。从 2009 年开始，各大手机品牌也开始纷纷制作自己的软件商店，2017 年第三方应用软件除了排行前三的 360、腾讯、百度这样的公共软件商店之外，第四名至第七名分别是华为应用市场、小米应用商店、OPPO 应用商店和 vivo 应用商店。

2016 年，一款名为“Faceu”的特效相机软件爆红，这款相机软件仅仅用了 3 天就占据了苹果软件商店的免费软件第一名，上线一周就增加了 1000 万新用户。在请了主持人李维嘉和歌手于朦胧等明星进行宣传后，Faceu 也火速在安卓市场上线。在众多安卓第三方平台中，OPPO 的下载量超过 50 万，高居榜首，vivo 以 40 万的下载量紧随其后，第三名是应用宝，下载量为 30 万。其他第三方软件下载平台相对少一些。

Faceu 在 OPPO 和 vivo 的软件平台进行投放是一个十分正确的选择，因为 OPPO 和 vivo 也是近些年主打拍照手机的品牌。这两个品牌拥有超高的摄像配置，2017 年 OPPO 推出的 OPPO r11s 的摄像头采用的是前置摄像头为 2000 万像素，后置摄像头为 2000 万+1600 万像素的镜头组合，并且 OPPO r11s 还配备了 f/1.7 的大光圈，这样的高配拍照手机深受女性用户的欢迎。

爱拍照、喜欢美的事物，这些都符合 Faceu 这款“激萌”特效相机的特点，所以 OPPO 和 vivo 这两款手机的用户会对同样是特效拍照的 Faceu 产生浓厚的兴趣，由此 OPPO 和 vivo 成了 Faceu 的安卓平台下载大户。

除了比较有针对性的品牌平台之外，360、腾讯、百度就是所有第三方软件商店中的佼佼者，这三个平台具有一定的历史，都有各自的“粉丝”，用户基数很大，大多数的产品在第三方软件商店上线的时候都会首先选择这三个平台。选择合适的第三方推广不仅可以让用户放心地进行下载，还有利于品牌之间的相互协作，共同发展。

8.1.4 新媒体推广

新媒体意指“万物皆媒”的状态，它包含了所有数字化的媒体。新媒体营销即通过新媒体进行的营销，借助新媒体的传播，可以让消费者更加深入地了解、认同某样产品、服务或是理念。新媒体相对于传统媒体来说，可以更加便利地进行传播，同时能够广泛地让用户参与到互动当中。

2016 年，淘宝推出了一个名叫“淘宝二楼”的美食分享活动。这个活动开启的时间主要集中在每天晚上十点到早上七点之间，在这一段时间里淘宝会给用户推广不同于白天的内容。当用户在晚上十点以后打开淘宝，下划页面就可以进入“淘宝二楼”，这个新鲜的玩法引起了很多人的兴趣，在此之前没有人知道 APP 入口还可以这么做，如图 8-3 所示。

图 8–3　“淘宝二楼”的《一千零一夜》

在“淘宝二楼”这个空间里，淘宝用精心制作的文字、图片及短视频，为用户呈现了一个叫作《一千零一夜》的系列故事。第一季的《一千零一夜》以美食为主题，“淘宝二楼”在《一千零一夜》中所展现出来的每一样食物都经过了精挑细选，并将食物融入一个普通人的生活当中，让食物情节更具有张力。淘宝用温馨“治愈”的方式将这些故事演绎出来，尤其是在夜晚时分，用户在观看之后会有十分暖心和感动的感觉。

在第一期《一千零一夜》里，“淘宝二楼”向用户介绍了鲅鱼水饺。故事讲述的是一个青岛姑娘独自在上海打拼，生日那天晚上下着雨，姑娘没有找到出租车，这个时候姑娘看到了一个小帐篷，帐篷的主人邀请姑娘进去吃点东西。在这间神奇的帐篷里，姑娘吃到了家乡的鲅鱼水饺，并且收到了帐篷主人给她的生日祝福。在故事的结尾，姑娘表示再也没有见过这间帐篷，也再没见过帐篷的主人，这让她觉得是一场梦，但是那鲅鱼水饺中家乡的味道却又是那么地真实，让她无法忘却。

《一千零一夜》用这样软性植入的讲故事方式，向用户宣传了鲅鱼水饺。“淘宝二楼”在活动开始之后不到两个小时就卖了将近 20 万个饺子，因为当时是在夏天，水饺本身就处于销售淡季，所以《鲅鱼水饺》这个四分钟不到的短视频，会带来如此巨大的销量是淘宝怎么也没预想到的。

第二期《一千零一夜》介绍的是伊利比亚火腿。在国内，人们更倾向于吃熟食，对这样的生火腿认知度还是比较低的。但是在视频播出后伊利比亚火腿也在两个小时之内卖完了。

这个成功的产品推广首先得益于淘宝平台的新媒体推广。淘宝团队选择在淘宝做“淘宝二楼”是因为目前淘宝用户 80%是年轻人，而且通过数据分析，淘宝团队发现晚上十点到十二点是一个用户在线高峰期，于是针对年轻人和夜晚做了“一千零一夜”这个项目。

另外，淘宝团队在“一千零一夜”项目里，从内容到产品到业务，三个通道一次打通，进行了一个整合营销。第一期“一千零一夜”上线后，鲅鱼水饺在第二天中午已经接到了 7000 份订单，为了保证商品的品质及售后服务，商家把鲅鱼水饺紧急下架。这样的举动让消费者在这个整合营销的每个环节都感受到了淘宝的品质服务。

“一千零一夜”项目的成功也给淘宝带来了巨大收益。据统计，《一千零一夜》

上线两周，“淘宝二楼”页面的流量一直稳定在百万级别。

淘宝通过优秀的文案、优质的商品及良好的用户体验，给用户呈现了一个不一样的淘宝。而用户也因为“一千零一夜”的优秀体验对淘宝产生了进一步的认同。

好的推广与产品或服务自身也是密切相关的，加之新媒体进行传播，就会让推广效果事半功倍。

8.2 线下推广渠道

线下推广相对来说是比较传统的推广方式，但是随着人们接触事物的增多，传统的促销活动已经很难吸引到消费者了，所以这一节将以三个案例说明如何把线下推广做得有创意、吸引人。

8.2.1 线下促销活动推广

“双十一”是网友的购物狂欢节。在这一天，淘宝、天猫的销售额呈几何增长，但是随之而来的问题就是面对如此巨大的下单量，商家的发货速度变慢。通常消费者在下单后一两天之内就可以收到货物，但是在“双十一”之后往往要等四五天甚至更长的时间才能收到货物。

GXG 就在传统的销售模式上进行了改变，将传统的线上销售改为了线上线下的 O2O 结合模式。

GXG 淘宝店上的商品与 GXG 实体店的商品售价相同，“双十一”的时候消费者在淘宝上进行购买可以额外获得相应的活动优惠，为了打消顾客对于实物与图片不相符的顾虑，GXG 在“双十一”开始之前就开始促使顾客到线下实体店进行衣物试穿，顾客在试穿之后可以不立即购买，而是在淘宝上进行购买。并且 GXG 的优势在于，当消费者在淘宝下单之后可以获得 2 个小时之内送达货物的高效服务。

GXG 的 O2O 将线上线下进行了完美融合。GXG 致力于搭建完善的供应链仓储配送体系，并且在北上广深，以及成都、武汉、重庆等二线城市建立了总共 163 家实体店，为 O2O 的顺利推行打下了深厚基础。

在“双十一”当天，在北上广深杭州五个城市可以完全实现付款后立即发货，并且 GXG 在“双十一”总共发货量为 45 万，72 小时内全部发出。这样的线下推广有效带动了线上销售，据统计 2015 年“双十一”GXG 的销售额为 2.55 亿元，2016 年同比增长 54.54%，因为对衣物进行了线下试穿，所以顾客在购买的时候也更加没有顾虑，用户的消费单价也从 536 元上升至 727 元。

2016 年，网易云音乐在杭州地铁内、地铁通道中的广告位都贴上了网易云 UCG 评论广告。大幅的红色背景及白色的字体评论给人极强的视觉冲击，从 5000 条音乐评论中筛选出来的 85 条，句句戳中人心。

地铁对于现在的人来说不只是一个交通工具，它搭载的也不仅仅是行色匆匆的行人。地铁承载的是人们的梦，连接的是人们的远方。当人们工作一天拖着疲惫的身躯走进地铁，铺天盖地的红色首先会刺激到人们的神经，那些精彩的、励志的评论更容易调动起人们的情绪，引起人们的共鸣。

网易云音乐的独特之处就在于用户评论。在评论区有点赞功能，通过点赞数可以清楚地反映人们在听同一首歌时产生的相同感触。网易云在地铁中张贴出来的评论包括了用户评论、用户的网易云音乐名称及评论的歌曲三个部分。人们可以在这些评论中看到同样深有感触的歌曲，从而更深入地引起共鸣。地铁广告这样的推广活动的用户转化率很高，在这次推广之后，网易云音乐在 APP 软件商店的中国区排名荣登榜首。

线下促销是消费者可以真实接触到企业的一个重要途径。举办趣味性的线下活动可以有效调动起消费者的积极性，企业在优质的线下活动中更容易得到消费者的认可。

8.2.2　线下体验活动推广

2016 年滴滴与施华蔻将出行与网购进行了有机结合，推出了“滴滴移动体验店”。“滴滴移动体验店”是一种场景体验营销方式，不同于普通体验的是滴滴会主动瞄准客户，如图 8-4 所示。

图 8–4　滴滴与施华蔻的联合活动

首先用户需要用滴滴进行叫车，当用户上车之后，用户的手机就会出现“恭喜你打到体验店出租车，戳这里找司机领礼物”的字样，这个时候点击屏幕上的“免费领取”就可以获得施华蔻推出的新款薄荷活力洗发露。女性用户在乘坐滴滴的时候也可以领取礼物，同时滴滴会贴心地提醒女性用户可以把这份礼物送给一名男士。

施华蔻的这次体验活动改变了传统的活动推广思路，施华蔻并没有把目光完全聚焦在销量上。首先是尽心地选取目标用户，施华蔻推出的是男士洗发露，目标客户也主要集中在男性群体中，滴滴的主要使用者集中在一二线城市，其中白领和商务人士的青年或中年人占比较多。施华蔻与滴滴用户画像的重合部分就是施华蔻的重点营销对象。这些人对施华蔻男士洗发露存在需求，并且这些人具备一定的购买能力。

其次是在用户体验环节上进行了调整。施华蔻的体验活动并没有像商场里的“试吃”活动那样，让用户试用小袋装的产品然后再向用户推销。施华蔻在体验活动中进行免费的新产品发送，这样的活动会让用户的接受度更高，尽管不是目前的必需品但是也会接受。同时施华蔻为这次活动准备的洗发露，每一份都进行了精美的包装，让用户感受到这就是一份礼物而非附赠品的仪式感。用户领取施华蔻洗发露的步骤也很简单，不会让乘车用户花费过多的时间从而产生厌烦心理。

施华蔻与滴滴的这次线下体验十分成功，据推广绩效指标分析，滴滴在这次体验活动中利用大数据对施华蔻产品的目标用户进行了精准的推送，在滴滴活动页面，“立即领取”的点击率达到了 74.1%，在领取到礼物之后会在朋友圈进行分享的用户更是高达 82%，这样的精准推送可以有效地利用资源，并且提高了用户转化率。

2017 年，上海开了一家名叫 RUNNER CAMP 的综合性商店，在 RUNNER CAMP 里为消费者提供运动服饰售卖及专业健身房。RUNNER CAMP 的一层主要是售卖和运动鞋体验区，消费者需要穿着 RUNNER CAMP 特供的跑鞋在 RUNNER CAMP 内的跑道上跑步，然后 RUNNER CAMP 会有一名专业教练来帮助消费者解读数据，最后系统会根据消费者跑步时的动作、习惯做出相应的分析，并且为消费者推荐最适合的运动鞋，如图 8-5 所示。

图 8-5　RUNNER CAMP 商店

而作为运动品牌商店，RUNNER CAMP 的二楼是一个专业健身房，虽然训练室并不是很大，但是更衣室、沐浴间等设施齐全。RUNNER CAMP 鼓励会员进行活动，通过活动可以累计积分，用以换取一楼的运动装备。

别出心裁的体验营销可以快速吸引用户的注意，用户在进行体验的过程中会对产品、服务产生认可，从而实现了转化率的提升。

8.2.3　社区推广

2012 年，东原地产在重庆房地产交流会上推出了住宅配套的“童梦童享”儿童社区。这个社区专门服务于 0～12 岁的儿童，囊括了儿童所需要的安全、教育及娱乐。

在儿童社区的儿童会所里有图书馆、课后班、早教室、形体室、涂鸦屋。孩子可以在图书馆里阅读各种益智、早教、趣味书籍，在读书的过程中孩子可以结交到有相同兴趣爱好的小朋友。课后班是对已经上学的孩子设置的，有的孩子四点半放学之后父母还没有下班，这时候就可以到课后班里来和其他小朋友一起做功课。

早教室是针对 0～3 岁的婴幼儿设置的，在这里会为年轻父母提供一个交流平台，共同分享育儿心得。形体室和艺术室是特殊的训练场所，在这里有专门的老师对孩子进行辅导。涂鸦墙则是为孩子爱涂爱画的天性找到了一个合适的释放方法，在涂鸦墙上涂画时孩子不必担心会被人批评，从而随心所欲地涂鸦。

儿童社区还为孩子提供了更大的娱乐空间。东原地产将社区内的部分草坪移除，为孩子搭建了一个宽阔的环境，可以满足孩子踢球、踢毽子等需求。除了场地之外，娱乐设施也遍布整个社区，羽毛球场、乒乓球台、攀岩墙、秋千、滑梯及运动器械等应有尽有，可以满足大量孩子同时玩耍的需求。同时，考虑到安全问题，东原地产也对这些运动设施进行了调整，让孩子在使用的时候更加安全。

在环境细节上，东原地产也在社区内进行了相应改造，如水景深度不超过 20 厘米，防止儿童溺水，无障碍地面避免了孩子在社区内玩耍时意外摔倒。

在管理上，物业会对儿童进出社区进行严格监控，娱乐设施也会定期进行维护保养，防止因失修而产生意外事故，并且会对娱乐设施进行定期消毒。

东原地产准确地把握了大部分想要购买房屋的消费者的需求痛点。人们工作繁忙，年轻的父母很有可能会因为工作疏于对孩子的照顾，而儿童社区既可以保证孩子的安全健康，还可以让孩子与同龄小朋友一起游戏。

除了孩子与孩子玩，“童梦童享”社区也是促进父母与孩子交流的重要场地。在“童梦童享”社区有很多娱乐设施，晚上吃完饭或者周末的时候，父母不必带着孩子远行去排队游玩，在社区内就可以开心地玩耍。这样的户外娱乐活动有助于孩子身心健康发展，而这也正是为人父母者最希望的。

东原地产也因“童梦童享”儿童社区而荣获重庆西南地区年度最佳住宅奖和第 11 届金盘奖。在这个项目中，东原地产用打造一个安全舒适的儿童社区向消费者进行房屋推广。而孩子的日常生活及安全问题也正是大部分消费者的需求痛点。在国内，像“童梦童享”这样的社区还没有建设过，所以“童梦童享”这个项目的出现吸引了很多消费者的目光。

通过构建社区设施来向人们进行推广，可以从住、行两个方面来引起人们的注意。除了东原地产这样大面积地构建“童梦童享”社区之外，许多企业通过爱心公益活动来帮助有需要的人们消除生活痛点。比如在 2015 年，天津银行第二中心支行联合 16 家单位及 3 个社团在社区内捐献了共计 64000 多元的爱心椅，以此来践行敬老爱老的传统美德。

企业通过进入社区，向社区内居民进行法治、安全的宣讲及举办公益活动等行为，可以让居民更加深入地接触到企业，有助于企业树立良好形象，从而达到宣传推广的目的。

下篇

游戏化营销经典案例分享

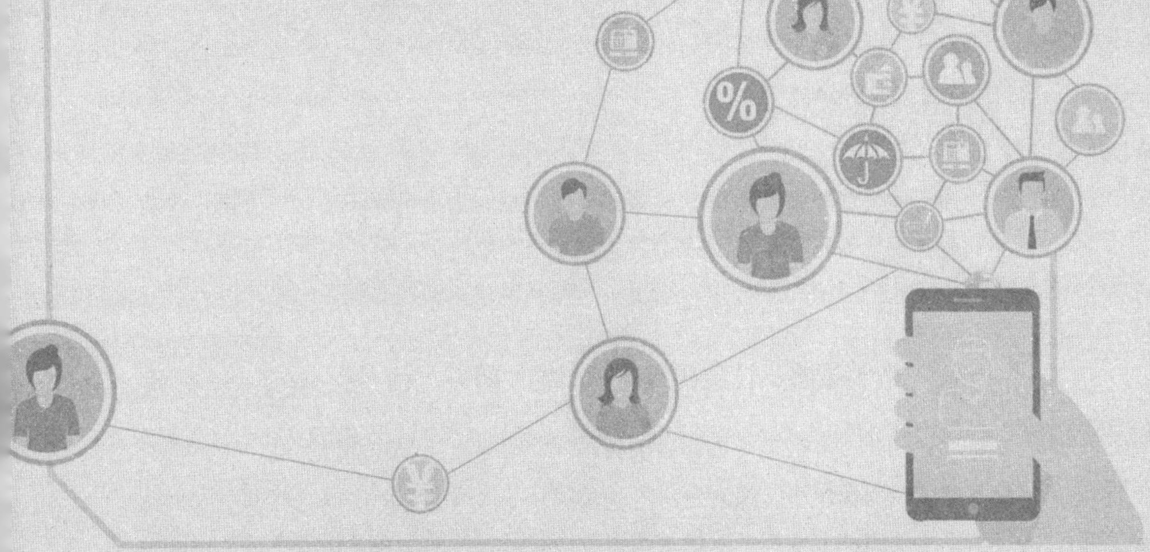

第 9 章

各行各业的游戏化营销策略与案例

游戏本身就具备营销价值，而游戏化营销则可以成为推广新品、打造品牌的新颖玩法。如今，各行各业都在利用游戏化思维做营销，他们在营销中巧妙地运用优秀游戏的各种设计和经验，以游戏的方式激活消费者对产品的感知，促使消费者关注产品。本章以游戏行业、快消品行业、餐饮行业、汽车行业、教育行业、互联网行业及医疗/健康行业为例，详细介绍了这些行业的游戏化营销策略，并结合业内相关案例做具体说明。

9.1 游戏行业

游戏行业是利用游戏化营销最多的行业，案例也是最典型的。一方面，游戏行业具有游戏化的思维，做游戏化营销也是轻车熟路了；另一方面，很多游戏公司通过与其他公司的跨界合作，推出了一系列游戏化营销方案。

9.1.1 营销策略：打破传统营销思维，跨界营销

传统营销是一种以需求为导向的营销，它主要把企业利润放在第一位，目的是把更多的东西卖出去。换言之，传统营销只是促成交易的手段，这种手段只是为了营销而营销，很多都是以牺牲消费者体验为代价的，并不管用户是否乐意接

受，卖出去就是了，有时甚至还穿插着恶意营销的成分。所谓“如何把木梳卖给和尚”就是一个典型的传统营销案例。

游戏化的营销思维与传统营销不同。它不是简单地去考虑怎样传播更广，而是更加重视营销的质量，不再把受众摆在被动接受者的位置，而是思考如何充分调动受众的积极性。它用丰富有趣的内容去满足受众的心理需要，让受众热情高涨地参与到营销活动中来，甚至让受众本身成为活动发起者的一部分而自发推广该活动。这样一来，受众就会对营销怀有期望。从最终的传播结果来看，效果非常好，而受众也会对品牌产生深刻持久的正面印象。

跨界营销已经变成了游戏界最常见的一种营销方式。跨界营销是一种以用户为中心的营销，而不是像传统营销一样以产品为中心，尤其强调用户体验。通过不同品牌之间的合作，达到受众消费特征上的互补。参与跨界营销的品牌，一定不具有竞争关系（否则就成了行业联盟），而是具有某种程度的互补关系。这种互补一般指用户体验上的互补，而不是产品功能上的互补。

很多跨界合作是一种互补的行为。在跨界营销中，企业营销的中心从产品互补转移到了用户的体验互补上。比如说手机与软件之间就是产品互补，产品互补通常是发生在互补品基础之上的，而用户体验互补则是多样性的，如游戏和影视、游戏和食品等。

跨界可以使强强联合，也是企业提升自身知名度、宣传产品的绝佳机会。跨界营销的双方可以是在产品上具有某些共同特性的，也可以是拥有相似的受众群体。

产品上有共同特性，就可以把两种产品很好地进行融合，从而进行营销。比如说“英雄联盟”在周年活动时邀请周杰伦、林更新等明星，并且与周杰伦合作推出 LOL 主题歌曲《英雄》。周杰伦是一个很爱玩 LOL 的明星玩家，而玩 LOL 的玩家里也有很多人喜欢听周杰伦的歌，在拥有这样的共性的时候，跨界合作自然而然地就达成了。

日本的虚拟偶像初音未来到现在已经走过了 10 个年头，从 2009 年开始，初音未来每年都会以全息投影的方式举办演唱会，初音未来的手办、游戏等 IP 产品也深受初音“粉丝”的喜爱。曾有初音“粉丝”在看到别人开着初音痛车（“痛车”指将喜爱的动漫角色、动漫公司或角色名字等喷（贴）在车上，以做装饰）的时候表示也想有一辆初音痛车。初音未来的跨界是在“粉丝”群体的基础上进行的，无论是与手办还是游戏的 IP 合作，很大程度上都是由“粉丝”的偏好而决定的。

还有很多游戏会与影视进行跨界合作，推出基于游戏内容背景的影视大片，通常是游戏的通史剧情，或者是某个人物的单线剧情等。因为影片内容完全出自游戏，但是从不一样的角度进行刻画，比如说《魔兽》电影是以宏观角度来讲述的，《刺客信条》是以主线剧情展开的电影。无论是哪一种，玩家都会因为对游戏本身的热爱而去观看游戏电影。

在跨界营销时，合作双方可以花费较低的成本提升企业曝光度，还可以针对企业双方共同的群体进行营销。

总之，跨界营销是一个互惠互利的过程，合作的企业双方往往处在不同的领域，通过这样的跨界营销可以使企业在纵向深入的情况下进行横向开发，使企业与产品变得多元化。同时跨界营销也是吸引非同行领域用户的大好时机，有效促进了用户的流通性，在高品质的营销活动中也为企业打开了更广阔的市场。

9.1.2 柠檬微趣：推出《糖果萌萌消》主题糖果

跨界营销的立足点在于商品的“互补性”，比如说功能上的互补。跨界营销的主要目的还是以用户为基础，与用户体验的互补，在营销上秉持的是从商品向用户转移的营销理念。

《糖果萌萌消》是北京柠檬微趣公司开发的一款小型消除类手机游戏，游戏整体设计风格清新可爱，画面精美，每一个糖果都生动精致，并在其中加入了独特的“Q 弹”音效。在玩法方面，该游戏在传统消除玩法的基础上加入了许多新的元素，同时设置了一些有趣的剧情式任务，比如说打败女巫、帮助姜小饼等。以此构成丰富的关卡模式，并不断进行版本更新，而且几乎每次更新都会加入新的玩法，以此延长游戏的生命周期。自 2014 年 8 月推出以来，《糖果萌萌消》这款游戏的用户数量一直很庞大，据官方透露，《糖果萌萌消》上线 10 多个月，游戏用户还在不断增加，玩家日活跃数已经达到 200 万人次。

这款游戏在上线不满一年就筹备推出《糖果萌萌消》的主题糖果，这次柠檬微趣携手“爬爬步步”，推出与游戏元素相对应的手工糖果。对此，柠檬微趣表示，对于这次跨界合作，《糖果萌萌消》会向游戏“粉丝”发放近百万份主题糖果，作为感恩回馈。

柠檬微趣之所以选择“爬爬步步”，是因为它是一家轻奢手工糖果公司，轻奢主要体现在两个方面，一是顶尖的设计师原创，二是高品质的面料和工艺。“爬爬步步”主打定制糖果，在此之前也为很多明星、媒体定制过手工糖果，因此，在品质和服务方面也是十分有经验的。

之所以会有此次的跨界合作，主要源于两个品牌之间有很多共性。

1. 受众群体相似

《糖果萌萌消》作为一款糖果主题的休闲小游戏，以甜美的画风吸引了海量的年轻女性玩家；而“爬爬步步”作为休闲零食类产品，其目标消费群体大多数都是 18～25 岁的年轻女性。所以，“爬爬步步”与《糖果萌萌消》的消费群体都是以具有相似特征的女性为主。于是，二者在消费群体方面产生了很高的契合度，这就给他们提供了跨界合作的可能。

2. 优势互补

“爬爬步步”拥有深厚的为媒体、明星定制糖果的服务经验，不仅在北京各商圈有众多的主题体验实体店，在全国还有统一的线上体验店。这样全国各地的《糖果萌萌消》玩家都能有充分的机会去体验“爬爬步步”的特殊定制糖果。

在跨界营销合作中，柠檬微趣公司并不将这个定制糖果品牌看作是“糖果萌萌消”品牌的衍生品，而是希望通过这次活动给双方品牌的“粉丝”都带来一种全新的体验，促成由合作产生的叠加营销效果，从而吸引到更多的用户。这样，柠檬微趣的游戏品牌就能在更广大的用户群体里得到深化了。

最终，柠檬微趣的跨界营销在满足现有玩家的基础上很好地开发了横向用户。在跨界营销之后，《糖果萌萌消》吸引了很多爱吃甜食的女性玩家入驻。柠檬微趣在联合“爬爬步步”手工糖果的时候，充分展示了来自商品互补性的强大影响力，同时也把“甜美”“可爱”等词汇深深地打入到商品当中，让人们在想到糖果的时候不由自主地想到《糖果萌萌消》。

其实，在此之前，手游的营销方式早就五花八门了，很多手游公司也都有过跨界营销的案例，甚至推出游戏主题的衍生产品。国外也有很多成功案例，如飞鱼科技推出过《保卫萝卜》图书等。柠檬微趣这次的成功，不仅在于他们善于发现机会，也因为他们懂得如何从游戏化的思维出发，结合市场状况，大胆开展与互补品牌的跨界营销。这一点值得其他游戏公司学习。

9.1.3 暴雪娱乐："绑架"《魔兽世界》大 IP

魔兽最初是指《魔兽争霸》，这也是暴雪公司的第一个魔兽作品。1994 年《魔兽争霸 1》发行，随后两年《魔兽争霸 2》的《黑潮》《黑暗之门》两个版本相继面世，2002—2003 年，《魔兽争霸 3 混乱之始》和《魔兽争霸 3 冰封王座》发行。《魔兽争霸 2》和《魔兽争霸 3》全部是基于《魔兽争霸 1》的世界观进行创作的。在《魔兽争霸 3 冰封王座》发行之后，暴雪官方宣布将会推出一款网络游戏——《魔兽世界》。《魔兽世界》也是基于《魔兽争霸》世界观的，这让玩家在游戏历史中能实现无缝对接，并可通过《魔兽世界》的任务来更加深入地了解魔兽历史。

经过前后五部作品的精雕细刻，魔兽完整、宏大的历史早已深入玩家的心里。玩家对魔兽剧情的充分了解也是魔兽 IP 跨界成功的重要原因之一。

2003 年《魔兽争霸 3》成为 WCG（World Cyber Games，世界电子竞技大赛）比赛项目。到 2013 年，整整 10 年，魔兽争霸玩家总共诞生了 8 位冠军，吸引了无数电子竞技游戏爱好者进入魔兽。

20 年的喜爱与追随，魔兽的衍生歌曲、漫画、文章早已浸入"粉丝"们的灵魂。而《魔兽》电影的导演邓肯•琼斯在面对魔兽庞大的历史故事时，十分明智地选择了魔兽的开始，即以《魔兽争霸 1》的兽人战争为背景，并且完全体现了游戏的精髓之处。这样充满诚意的、最大限度地还原游戏对魔兽游戏来说是一种尊重。在玩家观看影片并产生共鸣的同时，影片制作方与暴雪都获得了玩家的高度认可。

据 2017 年暴雪的公开数据显示，暴雪月活跃玩家再创新高，达到 3300 万人，这其中的活跃玩家数主要来自《魔兽世界》《守望先锋》及《炉石传说》，而《魔兽世界》依旧是玩家数世界第一的付费 Mmorpg 游戏。暴雪对于魔兽的 IP 管控成就了今天的魔兽。2006 年，暴雪公布了《魔兽》电影的计划，2010 年发行《魔兽三部曲》小说，而《魔兽三部曲》的英文版发行要远早于 2010 年。加之多年来“粉丝”的各种同人衍生，魔兽已经不单单是一个魔幻故事，它早已被注入了血肉，魔兽中的每一个角色都是一个有历史、有情感的鲜活人物。

在《魔兽》电影推出之后，暴雪并没有停止对魔兽 IP 的开发，暴雪邀请著名奇幻作家克里斯蒂、mIDdot 进行合作，陆续推出《魔兽世界·编年史》系列故事，并且由美国三大漫画公司之一的黑马漫画公司对《魔兽世界·编年史》进行漫画出版。这样高质量、强强联合的跨界合作让魔兽 IP 衍生产品在玩家中得到了充分的认可。

游戏和电影、小说本是各自独立的行业，但是暴雪公司却把它们融合在了一起。为什么会这样？暴雪公司又是怎么考虑的呢？

从事后的效果来看，这次行动无疑获得了巨大的成功。没有哪部电影吸引到如此庞大的“粉丝”群体——包括全球的影迷和《魔兽世界》的海量游戏玩家。要知道，光《魔兽世界》这个大 IP 在多年的“粉丝”积累中就有超过 8000 万的追随者，更不用说加上对影视新作怀有期待的全球影迷了。这恐怕是一个令人难以想象的数字。影片上映不到 10 天，中国区票房就突破 10 亿元人民币，而全球票房最终高达 4.32 亿美元，可以说是大获成功。

《魔兽世界》原是暴雪公司在 2004 年发行的一款网络游戏，发行以来其付费玩家总数截至 2008 年就已达 1150 万，可以说是有海量的用户。作为一个游戏公司，暴雪公司本来并不做电影方面的东西，和电影行业一直是有着明确界限的。但是，魔兽这个大 IP 非常厉害，只用了 10 多年的时间就积累了几千万的庞大“粉丝”群体，这意味着魔兽 IP 已拥有巨大的商业价值潜力。

游戏发行以来，玩家自发创作了无数的周边作品，涵盖文学、视听、动漫等，甚至那些借用魔兽之势而生成的其他各种游戏都获得了成功。这些都可以看作魔兽 IP 跨界活动的前身。后来暴雪公司开始了跨界运作，比如在 2010 年其官方授权出版了以魔兽剧情为题材的《魔兽三部曲》小说，大受“粉丝”欢迎。

暴雪公司经过分析发现，游戏和电影这两个行业虽然不同，却是具有相同特征的用户群体。其用户都是年轻人，都对当下时代流行的具有吸引力的文化符号饱含期待，而《魔兽世界》又是一个深入人心的大IP，它早已深入"粉丝"群体的内心。

暴雪公司抓住这一点，决定开展游戏和电影之间的跨界，以一种游戏化的营销策略，将自身品牌和文化注入更广阔的群体中。一方面，那些不玩游戏的电影爱好者，可能仅因为看了一部《魔兽》这样的电影巨作而对魔兽游戏和暴雪品牌产生好感，甚至进而成为追随者，传播暴雪文化；另一方面，电影收益当然也给暴雪公司带来了巨额利润。最关键的是，借此经历，暴雪公司也给未来踩出了一个全新的、更大、更有发展潜力的成长空间。也许以后人们所提到的暴雪，就不只是一个著名的游戏公司了，它可能还是一个优秀的影视公司。

其实，暴雪公司有关《魔兽》电影的精彩大戏，都是在游戏化思维的大背景下，通过恰当地使用跨界营销策略而上演出来的。

9.2 快消品行业

随着网络消费的高速兴起，传统销售模式在电商的冲击下越来越不景气。各行业的产品营销在传统渠道上均陷入困境，无论怎样宣传推广，就是难有效果。快消品行业也同样备受打击：由于销售不力，产品积压严重，企业在生存线上苦苦挣扎。

然而，当我们用游戏化的思维审视这一问题时就会发现，互动营销已经打开了营销世界的新局面，把富含娱乐元素的游戏和品牌相结合形成新型营销策略，就能轻松地把消费者重新连接回来。这些新的营销方式会给快消品牌注入娱乐的内涵，可以让消费者在消费过程中拥有美好的体验。

9.2.1 营销策略：植入娱乐化游戏和品牌互动

美国经济学家沃尔夫在《娱乐经纪》一书中曾说："一切经济活动都能以娱乐方式进行，极少有什么业务能逃脱娱乐因素的影响。倘若没有娱乐内涵，消费性产品将越来越没有机会立足。”为了让用户更好地、深入地接触到企业的产品，很多企业都选择把产品进行娱乐化，或者以娱乐化的形式进行营销，比如，中粮悦活、光明牛奶等。将娱乐植入品牌中可以快速提升品牌的知名度。

相比起电视、报纸等单向传播模式，娱乐化产品可以有效调动起消费者的积极性，让消费者与朋友、企业之间产生一个友好互动，在互动过程中慢慢树立企业品牌形象。

《Farmville》是由 Zynga 与有机农场 Cascadian Farm 合作推出的一款乡村度假的社交游戏。在美国，每天有 3000 多万人在玩《Farmville》，超过 5 亿的玩家会在游戏中购买 Cascadian Farm 的农作物。相比之下，美国黄金时间段播出的电视节目《Dancing With the Stars》在观看人数最高时也只能吸引 2400 万观众。

2016 年，红牛和英雄联盟、地下城与勇士、Dota2 等游戏及顶级外设雷蛇进行战略合作，在与英雄联盟举办的德玛西亚亚洲赛中，线下参与人数达 1.5 万人，线上观赛用户超过 2000 万。与地下城与勇士的“这是我的 fight”奥运联合举办线下活动，斗鱼、战旗、熊猫等 7 个直播平台总观看数量达 860 万，红牛官方微博曝光率超过 160 万，通过第三方传播总曝光量达 1005 万。红牛把一款功能性饮料中的“能量”“激情”“超越自我”等概念与竞技类游戏的精神高度融合，深化了红牛在消费者心目中的品牌形象。

据 2017 年 CNNIC（China Internet Network Information Cente，中国互联网络信息中心）数据统计，2017 年的中国网民用户达到了 7.51 亿，仅半年就新增 1992 万用户，网民总体还是偏向年轻化，但是 40 岁以上的网民数量也在开始逐渐增多。微信朋友圈与 QQ 空间的使用率分别为 84.3%、65.8%，社交圈的占比也在人们的生活中变得越来越重要。网络游戏用户达到 4.22 亿，与 2016 年相比增长了 460 万人，手机网络用户为 3.85 亿，与 2016 年相比增长了 3380 万人。

由此可见，社交与娱乐在人们生活中已经成为必不可少的一部分，飞快增长的手机游戏用户就是一个巨大的营销群体。

企业把产品与游戏相结合，可以有效吸引人们的关注。有趣的游戏会让消费者更容易接受企业的产品，并在游戏活动中产生对企业、对产品的好感。同时，人们在参与游戏的过程中可以对产品进行更深层次的理解，方便企业更好地把理念与信息传递给用户。

企业以娱乐的方式吸引消费者，保持与消费者的友好互动，可以让企业的文化快速渗透到消费者心中，也可以让企业的产品更具有活力。

另外，娱乐方式还可以作为品牌沟通的策略之一，几乎没有什么业务在添加了娱乐元素之后是不能实现的。而一旦缺失了娱乐的内涵，产品将减少风采。如果企业借助娱乐化的游戏把消费者与品牌联系起来，将使二者之间更容易建立感性联系，消费者也会因此而体验到品牌的无形之美。

这样的例子在快消品行业有不少。比如，中粮悦活的“四百汉字”活动、乐事薯片的“开心农场”活动、肯德基的“神武 3”活动等，都通过植入娱乐化的游戏，调动了消费群体的互动热情，不仅渲染了新的产品理念，还增加了品牌的文化氛围。而且，这样的互动行为完全称得上是一种自然的沟通，因为当企业把它的品牌深深地融入游戏和娱乐里面的时候，消费者将会产生最低限度的逆反和最大限度的喜爱，没有什么比获得快乐更使人快乐的了，既然是娱乐，何乐而不为？

比如，2010 年中粮推出了一款《中粮生产队》小游戏，在这个游戏里，由中粮生产的好几个热门产品，如玉米油、大米、葡萄酒等，都被植入到了游戏里面，并且每个产品的整个生产链过程都得以在游戏里展示。游戏过程中还有丰富的物质奖励活动，甚至有机会参加上海世博会。最终这款游戏给中粮带来超高的人气，取得了良好的营销效果。

与传统的媒介渠道相比，娱乐化的游戏在用户和品牌之间架起了一座桥梁，更重要的是，这是一座能让用户心甘情愿主动走过来的桥梁。用户在游戏互动中获得了美妙难忘的体验，进而对品牌产生好感，愿意再次获得相似的消费体验，这才是最好的营销。真正的好营销是不需要营销的。

不仅如此，有的品牌甚至将热门社交游戏看作一种极具价值的广告路径，借助上面的人气来增加产品关注度。如何用新的娱乐化游戏与品牌互动，既传达自身的品牌理念，又暗合消费者兴趣，并适时地加以创造和引领，这是每一个希望长久发展的企业都应该认真考虑的问题。不过一定要记住一点，运用营销手段打造的互动娱乐游戏，它首先是消费者的游戏，其次才是企业的游戏；它首先在消费者心中是成功的，其次才能在企业是成功的。总之，对消费者实际需求的满足应该始终放在第一位。

9.2.2　乐事薯片：玩转《开心农场》小游戏

乐事进入中国 20 多年，以“成为让人微笑的品牌”为理念，其品牌认知长期遥遥领先。同时，乐事以超高要求的原材料获得了众多消费者的认可与好评。目前，乐事在中国已经拥有了 6 个食品生产厂和 7 个可持续示范农场。

然而随着人们生活水平的不断提高，大家对健康食品的关注与追求也在大幅度提高。绝大多数的消费者在购买食品时会选择不含添加剂的产品，而同时许多消费者对于薯片有一种广泛的偏见，认为薯片是不健康食品，夸大了它的负面信息。

其实，乐事是一个具有近 80 年生产经验的全球品牌，采用 100%纯天然土豆原材料加工，质量大有保证。如何改变消费者的这种牢固的偏见并传递出“乐事薯片是由天然土豆制成的”，就成了公司接下来的发展挑战。

为了向消费者传递“天然”“健康”的信息，乐事借助人人网最热门的游戏《开心农场》来告诉人们乐事薯片的纯天然、健康概念。日均几百万活跃用户的游戏《开心农场》，是一款社交类游戏。在《开心农场》游戏中，用户扮演的是农场主的身份，可以进行蔬菜、水果的种子购买，然后种植。在等待收获的过程中给幼苗施肥、浇水、除虫等工作，让幼苗可以健康成长，结出更多的果实。在果实成熟之后，用户好友可以在用户还没收获之前“偷走”一部分果实，这样的趣味活动让很多人开始进入这个游戏。

在与《开心农场》合作之后，乐事在人人网上推出了一个“乐事农场”。在这个农场中，乐事把“100%纯天然土豆种子”和“薯片加工机”植入到游戏的原料与道具中，用户可以选择种植 100%天然土豆种子，然后还可以把成熟的土豆通过“薯片加工机”制作成薯片，并把薯片以出售或赠送的方式分享给好友。可见，在参与过程中，用户不仅可以亲自感受到自己种植的土豆一点点变成乐事薯片的乐趣，还可以把薯片卖给或分享给自己的好友，并且用一系列的奖励活动鼓励用户反复参与其中。

为了让更多的人人网用户接触到《开心农场》，乐事还同步推出了乐事农场

Minisite。乐事除了利用人人网的优势资源、《开心农场》的游戏公告，还通过参与体验用户产生的“人人好友新鲜事”对乐事品牌进行深度传播。

从最后的数据看，活动产生了极佳的营销效果。在活动结束时，种植乐事土豆的人数达到 530 万，有 380 万人购买了乐事工厂，370 万人制造了乐事薯片。调研发现，经过这次活动，用户对乐事薯片的核心诉求有了更加深入的了解，活动两个月后，用户对乐事薯片的喜好度提升接近一倍，而购买意愿也大大提高，有 65%的受访者真的在活动后的两个月内购买了乐事薯片。

乐事正是抓住了机会，巧妙地采用了游戏互动的方式调动了用户参与的热情，使他们在娱乐中了解了乐事薯片这个品牌。

乐事通过当时流量最大的人人网平台，将自己的产品无缝嵌入到《开心农场》游戏中，通过一个虚拟化的薯片生产过程让消费者倍感亲切，让玩家在游戏中与企业产生一个良好互动，从而提升品牌在用户心目中的形象与地位。乐事用玩家种植的方式拉近了企业与消费者之间的距离，同时让消费者在种植的时候更容易接受乐事所要传达的纯天然、无添加的信息。

而且乐事这种产品与品牌完美结合的方式具有很高的趣味性，特别是在当时类似营销还很少的情况下；同时又采用了多种推广方式同步推广，因此，这次推广活动也理所当然成了当时网络传播的热门话题，大大提高了乐事薯片的知名度。这样的游戏化互动的营销思路无疑是非常值得大家学习的。

9.2.3 悦活：拼出“U 格活力瓶”活动

中粮集团有限公司是一家提供农产品、食品等多元产品的服务供应商。中粮最初以粮油食品的加工、贸易为主，随着企业健康自然理念的不断深化，中粮的产业链开始不断向加工、贸易的上下游延伸。目前，中粮的业务范围囊括了从田间的幼苗到餐桌上的美味食品，致力于把最健康自然的食品提供给消费者。

悦活 U 格是中粮旗下的一款天然乳酸菌饮料，2014 年夏季，中粮集团为其策划了一场游戏化的互动营销，大获成功。当时国内饮品市场的竞争状况十分激烈，包括娃哈哈、可口可乐、汇源、加多宝等在内的众多实力企业都在忙着抢夺自己的市场，各自使用了五花八门的营销手段。中粮集团在分析了当时的形势之后，决定采用互动整合营销的模式，通过有独特趣味的创意互动活动来加深大众对悦活品牌的印象，以此建立大众和中粮悦活的情感联系。

于是，经过精心的准备和设计，悦活 U 格推出了一种全新包装的产品——悦活 U 格果汁，并开启了悦活 U 格拼字活动。中粮悦活 U 格不同于其他果汁饮料，悦活 U 格是一款无添加剂、用纯天然果蔬制作而成的果汁。中粮集团的悦活类管理部副总经理何炳庆曾在采访中说："我们对原料和生产工艺进行严格的把控，以此来保证我们的产品质量，因为我们独到的地方就在于 100%的自然，没有这点就什么都没了，我们把这个看得比什么都重。也可以这么说，U 格这款产品的核心信仰就是自然！"

悦活 U 格果汁使用的瓶子叫作"拼字瓶"，每个瓶子的外包装上都印有一个字，不同的 U 格拼起来就是不同的语句，比如"我爱你""拼出 U 活力"等，所有字符加起来共包含 400 个常用汉字。这种趣味性的包装设计成功调动起了消费者的积极性，大家纷纷去找不同字的 U 格进行拼字活动。在拼字活动中还包含了分享这一环节，在商店中购买 U 格拼字，然后上传到网络上进行分享，U 格拼字活动有效地将线上线下进行了联动，扩大了产品的宣传效果。

因为每一个 U 格都只有一个字，所以在拼字活动中人们拼出的词、句就有了千万种可能。消费者在不知不觉中就用有限的汉字创造了无限的可能。每当消费者拼出不同的词句之后就会产生莫大的成就感，从而产生分享行为。消费者在分享的过程中也在向他人传递着悦活做自己、追求自然的态度。

悦活打造的这个推广活动可以说是一个很好玩的游戏，对于消费者来说，这些瓶子可以构成一个展示自我个性和创意的趣味平台，在里面可以拼出任何自己喜欢的句子，几乎是无穷的文化想象；而厂商所做的，也不过只是贡献了一个印刷包装而已。很多人因为觉得新奇好玩，刚好又有一定的需求，便购买了拼字瓶。拼字的时候，如果消费者一直找不到自己想拼的某个字符，他可以到线上求助，活动发起方会组织多种线上活动，通过各大社交平台调动广大用户一起互动。

中粮认为，当时营销的核心在于，如何利用拼字游戏的乐趣来调动更多消费者的积极性，让他们主动去体验这款产品，并心甘情愿地加入互动活动中来。用户在互动的过程中，会自然而然地建立对这个产品的信任，产生情感共鸣。这样一来，凡是参与了互动活动的用户，就会对悦活品牌保持独特的印象，以后如果遇到有合适的场景，他们就可能会再次选择悦活产品。这正是中粮集团在营销策划中最想达到的目的。通过这场热闹的游戏活动，悦活提升了品牌知名度，扩大了品牌文化的拥护群体，其所面对的消费者市场就更加广阔了。

从这个案例中我们不难看到，中粮正是因为巧妙地设计出一种游戏化的营销方案，从而轻而易举地调动了用户的互动热情，把由企业承担的被动营销行为转化为由消费对象承担的主动营销行为，让消费者参与营销、带动营销、自己创造整个活动的乐趣，极大地优化了营销的效果。

9.3 餐饮行业

利用猎奇心理，将游戏互动的元素加入餐饮行业，可以增强消费群体与餐饮品牌间的互动。这种互动不断刺激用户获得沉浸感和快感，提高用户对品牌的欣赏度，进而把他们的被动消费行为变为主动消费行为。这才是营销的真正成功。

9.3.1 营销策略：在游戏中设置互动环节

互联网时代，商业模式正在发生变革，运用游戏化的思维进行企业管理和市场营销，已经成为不可阻挡的技术潮流，各行各业莫不紧随。技术潮流的含义，依笔者理解，它就是一种机会：你必须跟上，否则就再也跟不上。各行业的商业运营游戏化的痕迹目前已经到处可见，比如微信的抢红包、支付宝的种树小游戏、耐克针对运动鞋发布的AR小游戏等。同样的情况在餐饮行业里也逐渐发生，游戏化正在对其进行改变。那么，游戏对餐饮行业到底有多大的影响呢？它真的有那么重要吗？

有人认为，在当今的餐饮行业里，几乎所有的商业模式、经营策略都是容易把握的，唯一难捕捉的是顾客的心。新一代年轻人从出生开始就习惯了衣食无忧的生活状态而忘记了饥饿滋味，这使得饮食的含义在他们心中早已发生变化。吃喝已经不仅是一种生理需要，相反，它更多地成了一种精神上的满足，人们不光要吃得饱，更要吃得美，吃得开心，人们把吃当成一种享受来对待。以此来看，未来的一切商业包括餐饮业都将朝着娱乐化的方向发展，这时，用游戏化的思维向其中注入活力就显得尤为重要。

那么该怎么做呢？我们知道，如今餐饮行业的大部分消费群体对互联网和智能手机早已不再陌生，而无论老少基本上都有很强的猎奇心理，有意思的、新奇好玩的东西比传统呆板的东西更能吸引他们的注意，调动他们的热情。因此餐饮品牌比如餐厅可以设法通过发布小游戏来调动顾客的积极性，使他们参与到活动当中，做一些小任务，而在任务里可以添加该餐厅的文化和经营理念，这样既能给顾客带来乐趣和满足，又能同时提升品牌的知名度，使餐厅品牌在不知不觉中得到大众的传播与认可。而这种认可是由客户的沉浸体验换来的，因而比较稳固。

顾客为什么要参与餐厅的游戏呢？首先，是出于好奇心理；其次，在这样的游戏任务中通常都会伴随着一些奖励，比如优惠券、小礼品、积分奖励等。这正是消费者乐意收获的部分，毕竟没有人和优惠券过不去，人们总是喜欢意外的惊喜。于是凭这几点，自然而然就能吸引不少客流。不过，真正注重品牌质量的餐厅，一般不仅仅会在优惠上做文章，他们一定会做一个非常好玩的游戏，并且会想尽一切办法把自己的品牌内涵注入其中，让游戏成为品牌的宣传器而不只是一个吸引眼球的玩具。

整个过程中发生的事件其实是消费群体与餐厅品牌之间的互动，这种互动将不断刺激用户在参与过程中获得沉浸感和快感，使用户对品牌的好感得到提升，从而把他们的被动消费行为变为主动消费行为。

将游戏互动的元素加入餐饮行业，不仅顺应了当代文化潮流的发展，借助这种手段，餐饮行业也将焕发出新的活力。通过用户参与的游戏互动，餐饮品牌不仅可以获得更高的关注度和知名度，也能在用户互动过程中积累大量相关的服务数据，为进一步精细化的营销做铺垫。对于那些实力雄厚的大企业来说，甚至可以考虑开发品牌专属游戏，及时抓住实时热点，打造更具吸引力的互动话题和更具特色的品牌文化。

9.3.2　海底捞：挑战“餐饮+游戏”营销新模式

四川海底捞是一家以经营川味火锅为主的大型民营餐饮企业，成立于 1994

年，经多年发展，在全国各地开有多家连锁店。多年以来，公司凭借纯正独特的产品口味和顾客至上的服务理念，不断创新实践，赢得了广大顾客的一致认可和良好口碑。从这点来说，公司的产品是毫无问题的。但是在经营过程中，因为吃的人很多，客人经常要排队，有的人等得实在太久就离开了。这可能是餐饮业普遍存在的一个问题。经营者对此采取了一定的措施，比如在等待期间提供一些免费小吃、水果等服务，以此缓解顾客等待期间的焦虑，但是效果有限。

在 2015 年夏季世界 O2O 博览会上，海底捞透露自己要把游戏元素注入餐饮行业的想法，决定后续将正式发布海海游戏平台。

之所以这样做，是因为海底捞要在客户线下等待消费时引入游戏，进入多维的餐饮 2.0 时代，就是说更强调餐饮企业与顾客之间的互动。海底捞觉得，在当今时代，大部分的来店消费群体已经不存在温饱问题了，他们不是纯粹为了填饱肚子来的，对他们而言，饮食已成为一种类似娱乐的活动，或者说，美食在他们的意识里已经成了一个快乐符号。因此，作为一个饮食企业，有必要及时顺应这种新的消费趋势，尽可能满足顾客在消费过程中的诉求，化解他们在所有消费环节中遇到的烦恼。

因此海底捞做了一个“海海游戏平台”，使之成为一个独立的游戏创业公司，目的就是让大家在等候就餐的过程中可以把注意力转移到一场小型游戏里，时间很短，也许只有一二十分钟，这刚好是他们从点餐到真正就餐的等候时间。但是他们的这段时间将不会同过去一样无趣，而是会在轻松愉快的游戏氛围里度过，甚至参与进来的玩家还有机会获得一定的现场奖励，如图 9-1 所示。这个奖励将直接和游戏成绩挂钩。比如第一名将获得 50 元的菜品奖励，这样，由玩家亲自靠打游戏赢来的奖励将给顾客带来一定的成就感，使他觉得这和得到一张优惠券的感觉完全不同，毕竟是自己亲自参与、通过努力才获得的回报。

根据对这个游戏平台所做的一些测试统计，公司发现，15～35 岁的年轻人，有 8 成以上的门店顾客在等餐期间都会参与体验海底捞游戏，进入互动环节。

对于海底捞来说，当顾客在餐厅等位的时候，商家其实也是有一定压力的。商家也非常希望顾客不要等得太辛苦，一般都会设法用各种手段对其进行安抚，比如送水果、小吃等，最怕顾客等十多分钟饭菜依然没好于是不耐烦而去。因为一旦顾客这次离去，下次就难再来了，他们对门店总会留着一个不好的印象，毕竟曾经的负面体验就摆在那里。

图 9–1　顾客通过玩游戏“打发”等位时间

而以此问题为出发点，通过海海游戏平台这个途径，就可以增加前来消费的顾客的娱乐体验，增强用户黏性，保证餐厅业务的稳定和发展。据相关统计，50%的海底捞顾客在离店以后，依然会经常在平台上参与游戏，这样就使得商家和顾客之间有一个长期的互动关系，一旦某天商家有什么新活动或者新菜品推出，就可以放到游戏内容里面，顾客通过游戏平台就可以收到相关的活动信息。

海底捞推出的“等位游戏”可以称得上是“餐饮+游戏”创意的一个范例，它用游戏化的思维，通过给顾客提供一个可参与、可沉浸的游戏环节，解决了餐饮行业里一个“怎样使顾客在等位时少安毋躁”的难题。它打造的游戏互动场景不仅适用于餐饮，还适用于其他很多行业，已有很多其他品牌与海海游戏平台展开了线上合作并从中受益。

9.3.3　麦当劳：携手“英雄互娱”开展线下推广

2016 年元旦，麦当劳携手英雄互娱开启深度合作，在全国某些特定省份的麦当劳餐厅为英雄互娱的产品和赛事进行推广，并从中设立 22 家英雄互娱活动主题店。活动的 90 天内，麦当劳餐厅将在各个醒目位置处放置英雄互娱的产品及赛事相关素材，并且通过扫描二维码还可以进入相关活动页面。凡是购买麦当劳特定套餐的顾客均可以获得游戏道具卡，还有机会获得英雄互娱联赛的主题衣，通过多姿多彩的全线营销活动，麦当劳让玩家在餐厅也能感受到电竞现场般的游戏氛围，如图 9-2 所示。

这是近年来麦当劳与游戏公司规模最大的一次跨界合作。作为一个享誉全球的国际品牌，麦当劳的背景自不必说，其此前也与魔兽世界、梦幻西游开展过类似的合作，结果都非常成功。

图 9–2　麦当劳与“英雄互娱”推出的活动奖品

而英雄互娱是世界上第一家移动电竞类上市企业，出品了许多口碑良好的竞技类手游，它主办的“HPL—英雄联赛”一直受到万众瞩目。

那么，两个不同的行业为什么要联合起来举办这样的超级营销活动呢？原来，在合作之前，基于搜索和百度大数据分析，麦当劳公司发现，麦当劳的消费人群与电竞手游的玩家人群的群体特征画像相似度极高。也就是说，前来麦当劳消费的顾客，有很大一部分同时也是电竞手游的注册玩家。

这就为两家公司的合作提供了空间。一般来说，一个游戏公司通常具有一个相当大的用户基数，这就决定了游戏公司具有导流的特性。如果与线下影响力巨大的传统品牌跨界合作，不仅合作品牌可以直接给游戏带来新的用户群体，同样游戏公司也可以为合作品牌导流，并与合作品牌一起维护共同用户，进而形成黏度更大的“粉丝”群体。这是一件给双方都能带来很大利益的事。

对麦当劳来说，在传统商业纷纷开始注入游戏元素的背景下，传统的营销模式已经不再具有太多的优势，需要对其进行变革，必须要使用新的眼光去审视当下的营销问题。运用游戏化的思维与英雄互娱开启跨界合作，正是顺应文化潮流的体现，时代在变，商业的手段也要随着变化。传统的企业如麦当劳加入游戏形式的互动之后，可以借机深入维护自身品牌与顾客之间的关系，进而吸引更多的顾客上门，进而促进销量的稳步增长，并最终达到强化品牌的目的。

9.4 汽车行业

汽车好卖，但是不如过去好卖了。当下汽车行业的营销新气象是，当汽车厂商准备推出一款新车型时，首先想到的营销思路就是联手游戏公司开发赛车游戏，把新款车型加入游戏里。这不失为一个绝好的策略，既有名，又有利。

9.4.1 营销策略：开发赛车相关游戏

开始本小节叙述之前，先看一个新闻。2014 年 11 月奔驰的 SUV 新款车型 GLA 级刚刚在国内上市，《马里奥赛车 8》中就出现了这款汽车和其他多款奔驰汽车的影子，没错，就是任天堂新出品的游戏《马里奥赛车 8》，在其中我们不仅可以看到很多奔驰赛车，还可以畅快地体验驾驶奔驰的感觉。

奔驰的赛车为什么会出现在一款游戏当中？原来，这是奔驰汽车与任天堂游戏公司合作开发的与赛车相关的游戏。奔驰汽车把自己旗下经典车辆的相关工程数据授权给任天堂使用，任天堂再负责把这些信息做成汽车模型，加到赛车游戏的车型里面。

通过在游戏中对奔驰汽车进行展示，奔驰品牌获得了更多的人气关注，而《马里奥赛车 8》也因里面豪华的奔驰车型而深受广大玩家喜爱。两者可以说是各取所需，互惠互利。

与游戏公司合作是当下汽车行业比较流行的营销方式。当汽车厂商准备推出一款新车型时，首先想到的营销方案就是联手游戏公司开发相应的赛车游戏，把最新款车型加入游戏当中。汽车厂商这样做自然有绝妙的道理。汽车界的文化营销已经发生了变革，纯粹的汽车文化比如赛车运动对人们的吸引力已经有所下降，而大众对赛车游戏的兴致依然高涨，将汽车文化注入游戏里，实在是一个聪明的办法。

对于一个赛车游戏爱好者来说，他不仅会去主动收集自己喜欢的每一款汽车的各种资料，还会去深入了解这个车型所属品牌的故事及相关的各种信息。汽车厂商通过参与游戏比赛和玩家论坛，甚至还可以引发相关的汽车大讨论。在这个过程中，一个汽车的文化和品牌就被深深植入到游戏玩家的内心了。这个玩家当然也会与现实社会发生许许多多的日常交互行为，于是就把这个品牌文化传动起来了。甚至每一个赛车游戏玩家，都是一个自发的汽车文化传播中心。此外，游戏的许多周边产品也具有巨大的影响力。这才有了众多汽车厂家竞相为赛车游戏开发专属车型的情景。

这其实就是汽车行业里广泛存在的一种典型的游戏化思维。在汽车厂商看来，与游戏公司的合作是大有“福利”的：它可以提升品牌的知名度，促进消费者对本厂汽车品牌的认同度和选择度，培养潜在的消费用户群体，等等。要达到以上的这些效果，如果用传统的广告营销思维，走传统的媒介途径，比如电视、电影、杂志等，需要花费的成本也许是个天文数字。但是，当用游戏化的思路去做这一件事，需要花费的营销成本却非常微小，甚至可以反过来通过对游戏公司收取授权费小赚一笔，实在是“利大无穷”。甚至，有的汽车厂商居然还跑到与赛车游戏无关的游戏里去了，不顾一切地提高本厂汽车的曝光率。

通过开发赛车游戏，汽车厂商实现了汽车概念与游戏元素的融合，真正做到了深入消费者内心去赢得消费者，实现了最具吸引力的营销，极大程度地调动了大众群体的爱车狂潮和购车热情。作为一种游戏化营销思路的借鉴，在如何从深层次打开消费市场方面，我们或许可以从中学到很多。

9.4.2 奔驰：极品飞车 OL

2017 年 10 月，奔驰汽车和经典赛车游戏《极品飞车》系列的新品《极品飞车 OL》开展了全方位的战略合作。他们不仅在微信朋友圈联合发布首例汽车与游戏异业合作的广告，宣布狂飙活动正式开启，还让奔驰新品梅赛德斯—AMG GT R2017 做了首次亮相。这次的广告同时涵盖了游戏和汽车相关群体，获得了很好的传播效果。《极品飞车 OL》在游戏里正式发布了奔驰梅赛德斯这一车型，引来了玩家暴增的追捧热情。

《极品飞车》系列是美国艺电公司（EA）旗下的一个具有 23 年历史的竞速赛

车类 IP，“粉丝”无数，它的庞大用户群体刚好也是车企的高潜力消费对象。《极品飞车 OL》是这个 IP 在中国区的网游版续作，游戏里一共有全球顶级车商授权的 400 余辆模拟跑车，包括梅赛德斯—AMG GTR（该车型为中国区首发的奔驰限量版高性能车型）。不难理解，《极品飞车 OL》的上线对于中国区的汽车品牌而言，绝对是一个大好的营销契机。下面具体介绍一下此次合作中的几个亮点。

1. 游戏化特色营销

《极品飞车 OL》为奔驰梅赛德斯设计了一系列具有独家特色的营销活动，不仅在游戏内有专属的成就和徽章，还可以在游戏中参与各种互动，享受专属礼品。这种创意深受广大游戏迷的喜爱，这就把奔驰的品牌直接渗透进了用户的游戏体验当中。

2. 开启跑车文化之旅

《极品飞车 OL》发起了声势浩大的跑车文化环球之旅，选取若干玩家，探寻世界跑车的文化起源并拍摄纪录片。一般人对于跑车文化的了解其实是极其缺乏的，相关的文化推广更是寥寥无几，而这种跑车文化之旅刚好填补了这块资源曝光上的空白。奔驰厂商和游戏厂商的品牌文化将通过这个活动共同得到更为广泛和持久的传播。事实上，两个合作者将以游戏为核心，打造具有互动特征的汽车文化生态圈。

3. 与游戏公司跨界合作

游戏，已经成为奔驰营销世界里的下一个战场。与游戏公司合作的背后，是合作品牌双方的资源互用。我们看到，奔驰梅赛德斯是一个全球经典豪华汽车品牌，在人们心中仿佛是梦幻一样的存在，有着很高的价值认可度；而《极品飞车 OL》是一个优秀竞速赛车大作，其吸引力简直无与伦比。

当二者结合在一起时，就可以建立起更加庞大的消费群体边界，同时他们互相借势，借彼之锅煮我之菜，打造出更高一层的产品内涵，这就像两颗星星的光芒同时叠加在一起，迸发出更加耀眼的光芒。同时，这样的跨界合作还换来了用户体验的升华，用户可以体验到从他们任何单方都无法独立获得的良好体验，因而产生了极大的情感共鸣。这可以说是三方受益的事。

这次合作，是传统汽车行业在跨界营销方向上的一个新探索，仅仅是一个好的开始。对于奔驰汽车来说，这种结合了游戏文化的营销方式将获取令人极为满意的传播量和关注度。相比传统的营销方式而言，显得更有价值。

游戏作为一种新兴文化符号，承载着更多的人性深处的东西，其中当然包含着巨大的商业潜力。但是怎样将其运用到商业领域中来是值得每一个商人思考的问题。它的价值，有待各行各业的企业人去挖掘和想象。

9.4.3 保时捷：极品飞车·保时捷之旅

美国艺电公司除了和奔驰合作以外，还与保时捷进行了深度合作，推出了《极品飞车·保时捷之旅》。保时捷是一家德国汽车生产商，自开创以来就以生产跑车为主，也是顶尖跑车生产商之一。

保时捷这次与美国艺电公司合作推出的《极品飞车·保时捷之旅》，是其《极品飞车》的第五个版本，《极品飞车》让玩家在赛车的拟真中得到了最佳体验，在车迷心中的地位十分重要。

保时捷和美国艺电公司合作，让车迷可以近距离地了解保时捷的车型及性能。在这款游戏中，玩家还可以体验到从保时捷开始兴起到 2000 年的大多数保时捷车型，玩家可以自由选择驾驶这些车辆进行赛车，也可以对喜欢的车辆进行赛车改装。

在对保时捷进行改装时，玩家首先必须购买一辆保时捷，然后对这辆保时捷进行相关零部件等的升级，让其在性能上有更好的表现。每一辆保时捷都有自己的历史，包括零部件升级等，都将会影响到保时捷以后的价值。保时捷通过这种职业生涯的模式来深化职业赛。同时保时捷还有另外一个模式，即任务模式。玩家在任务模式中可以得到一些任务，比如说要求玩家进行绕桩练习、撞桩练习等。当玩家完成相关任务就可以获得一定的奖励。

为了让玩家体验到更真实的赛车感觉，在《极品飞车·保时捷之旅》中，开发团队进行了优化，当玩家操控赛车进行转弯、漂移等动作的时候车内车手的身体都会相应地产生一个动作。电脑版的《极品飞车·保时捷之旅》中，玩家可以清楚地看到赛车的内部环境，如真实的汽车仪表、逼真的音效，当玩家在换挡时感受尤其明显。

《极品飞车·保时捷之旅》还为玩家提供了比较完善的经济系统。玩家可以用任务获得的金币购买零件，对保时捷进行改造，改造后的跑车性能会变得更好，在出售的时候价格会比同类未改装的旧车价格高些。

玩家在玩《极品飞车·保时捷之旅》的时候可以了解到真实的保时捷信息，比如加速度、性能等，也可以在赛道上进行亲身模拟。游戏里和现实中无差别的体验让玩家可以无缝带入，从而使游戏变成了一种广告，让更多的玩家在不知不觉中对保时捷跑车的结构、零件、性能有了更深入的了解，同时保时捷也将自己的品牌传递给了玩家。

9.4.4　大众：欢乐甲壳虫

2012 年春天，国内知名车企品牌上海大众以其旗下的甲壳虫与《QQ 仙境》混搭，开展了规模盛大的“QQ 仙境、甲壳虫全国狂欢巡游”活动。这意味着汽车与网游这两个不同的领域又一次同舟共济，扬帆启航。

上海大众（后于 2015 年 12 月更名为上汽大众汽车有限公司，简称上汽大众）是我们再熟悉不过的一个汽车品牌，作为当下国内规模最大的现代化轿车生产基地之一，其生产的种类繁多的汽车每天都在城市各大街道上穿梭。

《QQ 仙境》则是一款由中国腾讯游戏代为运营的、韩国 NextPlay 开发的一款休闲类网络游戏，其画面精美，人物造型清新可爱，在推出后迅速吸引了大量萌系游戏玩家，可以说是游戏业界新翘楚。他们此次共同搭建的全国狂欢大巡游，无疑是一种强强联手的游戏化营销行为。双方将彼此不同的优势资源进行整合，在品牌文化推广、用户市场拓展等方面进行了一系列的深度合作。

那么，为什么要进行这样的合作？合作中双方都为对方带来了哪些好处呢？

原来，随着汽车行业内的不同汽车品牌间竞争日益加剧，车企通过传统营销渠道进行宣传推广所能收到的效果已经大不如从前了。不同的车企之间，往往都使用着极其同质化的营销模式，就这方面来说，不同的汽车品牌的营销效果都是近乎相同的，很难拉开差距。而缺少营销领先优势，对任何一个企业来说都意味着要直面竞争对手的厮杀，实在令人头疼。因此，由一些国际大品牌开始，汽车业开始思考一些新的营销出路，尝试与其他品牌的跨界营销，其中就包括游戏行业。

经过多个案例的尝试，这些跨界合作果然很有效果，车企领略到这种新型营销模式的魅力，于是开始重视这种营销模式。

上海大众甲壳虫就是在这样的背景下决定寻找合作伙伴的，它看好车企与游戏行业联合的游戏化营销，决定寻找游戏伙伴一起“放大招”。经过周密的调研，终于，它遇见了同样抛出橄榄枝的休闲游戏《QQ 仙境》，两者一拍即合。

休闲网游不同于赛车游戏，它和汽车原本不相关。然而《QQ 仙境》和甲壳虫汽车却有着极其投合的气质。一个是最萌靓车，一个是最萌网游，一实一虚，长短互补，非常匹配。而且，这两者同样追求创新精神，同样卓越，就这样形成了走在一起的理由。

在合作中，《QQ 仙境》在其海量的游戏“粉丝”面前为大众甲壳虫带来了一个独家的展示舞台，增加了甲壳虫在公众面前的曝光机会，无疑大大扩大了甲壳虫的知名度，无形之中就为甲壳虫培养了一批潜在消费群体。而借助狂欢巡游这样的活动，萌萌可爱的小甲壳虫将携着《QQ 仙境》里的众多角色，一起游历全国的大小城市，为两者的广大“粉丝”们带来一场美妙的狂欢，满足大家的遐想和期待。活动期间“粉丝”们将有机会参与丰富多彩的现场活动，一起体验互动的快乐。

这次合作充分体现了网游行业的强大媒体功能，对于大众甲壳虫来说是一个大好的亮相机遇。游戏化的营销方式，给双方品牌都注入了一股新鲜的活力。这种打破常规的宣传推广方式，是一次很有意义的开拓创新。

9.5 教育行业

传统教育有一个巨大的特点就是“苦”人。“苦”字道尽了学习者内心的艰辛。虽说书中有百乐，可是大多数人在面对一堆公式的时候，实在是难以欢乐起来。如何把教育过程变成一个令人期待的趣味过程，是这个行业未来大门的开启点。

9.5.1　营销策略：教育融合游戏，打造知识乐园

说起教育，许多人觉得这是一个高大上的话题，绝对的上进之道；同时对教育的“苦楚”深有体会：学习可是要吃苦的啊。为什么学习一定要吃“苦”呢？有人说，这是由于学习是一种天然反享乐的东西，与人性自发倾向相悖，必须“苦”。这种观点对于人类几千年来的教育史或许真的是一个比较中肯的评价，“锥刺股”真的有人尝试。但时至今日，在计算机技术和教育理论都日益成熟的时代，这种情况难道就不能有所改变吗？学习难道就不能是一件愉快的事吗？

当然可以。作为一项活动，学习是不包含伤害的要素的。既然是不存在伤害的要素，为什么我们不能把这个活动塑造成一项愉快的活动？比如把学习的过程改变成一个游戏的过程？那个时候，大家在学习中体验到的不就是欢乐了吗？大家还会排斥学习吗？

教育行业需要这样的改变，它也正在发生这样的改变。这就是当下教育行业同时蕴藏的危机和巨大潜力。危机早就存在，潜力却才刚刚被人们认识到。

游戏现象在传统教育中早就很常见了，比如在学校的体育课中就经常会出现做游戏的环节，很多美工课也有游戏的影子出现，只是它们都是传统的学习游戏。实际上，人们长久以来一直对“玩游戏”这个词抱有刻板印象，尤其是学生家长，总把玩游戏当作一个黑暗存在。这确实与以往年代里游戏对大众的负面影响有一定关系，毕竟青少年由于沉迷游戏导致学业荒废的例子比比皆是。但游戏并不只是负面的。

随着时代的发展，游戏作为一种文化元素，它的积极影响在当今社会里已经逐渐体现，它的正面作用也越来越得到人们的认可。游戏在社会文化中变得越来越有活力，甚至人们开始追捧它的美妙。可以想象，如果把游戏作为一种技术手段恰当地引入到教育行业里，将会对这个行业产生多么大的冲击。

那么，如何实现传统教育与游戏技术的融合呢？

我们先来看看传统教育内容的特点，它大致可以分为三类：技能类、知识类、策略类，如图 9-3 所示。因此，可以根据不同种类教育内容的特点，选择它与游戏技术的结合方式。

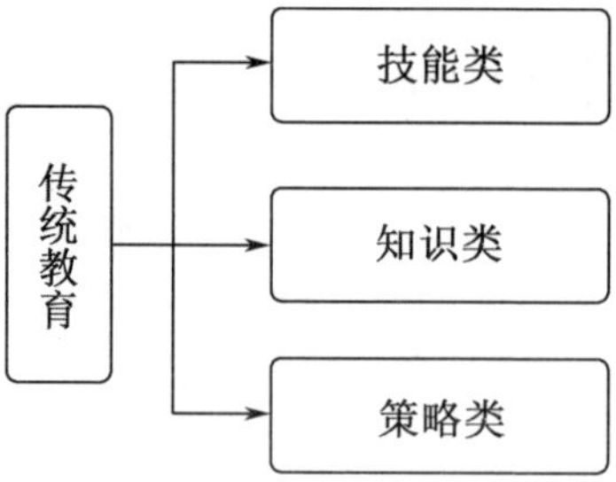

图 9-3　传统教育的三大类别

首先，对于技能类的学习，可以开发一些模拟游戏来辅助传统的学习过程。比如现代模拟驾驶技术，以一些智能硬件做基础，它已经可以很真实地还原各种驾驶操作事件，几乎与实际驾驶没有区别。很多领域已经成熟应用了模拟驾驶游戏来代替真实驾驶，比如航空公司的日常飞行训练、航空航天模拟训练等。赛车模拟游戏更是不在话下。但技能的游戏模拟学习并不能完全取代实操环节，在掌握了一定的技术后还是要接受实训的。

其次，对知识类的学习，我们可以利用现代化多媒体技术，把各类知识和目标融入一款专门的游戏里面。我们可以开发一款教育游戏，把书本内容、知识解析、考试复习等常用的教学环节，化解为一个个游戏场景，用游戏的方式把它呈现到学习者面前，同时设置奖惩系统，让学习者借助游戏奖惩的动力完成学习目标。也许那时参与者将无比期待一场考试，以便得到通关奖励。而且，所有人还可以通过网络在游戏中参与互动和交流。

对于策略类的学习，比如，各类经营、管理、资源分配等内容，游戏的模拟运算效果有着天然的优势。它可以通过计算机技术建立各种复杂模型，根据需要加入各种参数，并进行精确计算。在军事领域，它的价值不可估量，国际上的现代军事演习大都是以游戏模拟为基础的。在商业领域，有很多模拟经营类的游戏与真实商业原理紧密贴合，对于有心从商的人来说，实在是了解商业运作流程的一个良好途径，因为它可以对特定商业数据进行模拟管理并且直观地看到运营效果。

教育与技术是紧密连接的，用游戏化的方式做教育，借助于游戏强大的活力，就能让教育行业发生巨大变革，让传统教育品质得到提升。优质的教育，是社会必需的基石，它能改变一个人，改变整个世界。

9.5.2 农场狂想曲：打造虚拟在线学习环境

网络游戏这么深受年轻人的喜爱，难道就只能作为一个社会的负面力量存在吗？如果把它运用到教育行业，到底会怎样呢？中国香港的大学早先就做过尝试。在香港研究资助局教育基金的支持下，香港中文大学用了 3 年时间研发《农场狂想曲》，后来再在此基础上又做成了优化版的《农场狂想曲 2》。

这款游戏面向的群体是中学生，通过让学生在计算机上创建一个虚拟农场并作为一个农场主来管理农场，让学生在游戏的过程中根据情景需要而不断地去学习农业、地理、经济、文化等综合性知识，目的是培养他们的解决问题能力、信息管理能力和团结协作能力。

起初，香港中文大学提出了一种以学生在虚拟环境中互动学习为主导的学习模式（VISOLE），这种学习模式分为三部分内容：

（1）学生在老师的支持下利用网络教学资源主动学习相关知识；

（2）学生进入 VISOLE 的游戏化虚拟环境里，在其中发现问题、学习知识并运用一切办法解决问题；

（3）在老师的引导下学生对上述环节进行反思总结，梳理知识和心得，将其内化为自身能力。

然后香港中文大学在这个 VISOLE 学习模式的基础上，采用真实的物理引擎做成了《农场狂想曲》。农场里的气候、温度、生物成长等，大都参考现实中的真实数据来设计。

这款游戏十分富有教育内涵，游戏共有 8 个回合的赛事，通常把玩家分为每四人一个小组，花费一天（或两天）来完成一个回合。在游戏中，玩家们的身份都是农场主，必须想办法妥善经营农场的各项活动，包括田地、果园和畜牧相关的工作。游戏中还加入天气、灾害等影响因素，使其显得更加真实。通过优质的经营活动，玩家可以获取相应的游戏成就和奖励，竞争者的目标就是获得更多农场成就。根据玩家的不同操作，系统最后会出现不同的游戏结局。

游戏做成后，首先在香港两所中学进行了初步测试研究。结果显示，绝大多数师生都对《农场狂想曲》表示满意，他们认为这种学习方式充满乐趣和挑战性。由于游戏里的知识形象具体，因而学生觉得理解起来很轻松而又深刻。在整个游戏过程中学生的团队协作能力也得到了锻炼，同时对农业的兴趣大增。

学生沉浸在这样一个虚拟的仿真游戏环境里，不知不觉学到了知识和技能。这就是《农场狂想曲》所诠释的教育新气象。

在教育与游戏结合的世界里，学习者面对的是一个由教育者精心设计的复杂环境。一方面，它具有很强的趣味性和可玩性，可以吸引玩家热情高涨地参与，满足他们的操作愿望；另一方面，游戏本身含有深刻的知识内涵，虽说是在游戏，但潜移默化中却把教育目标渗透进了玩家意识，玩家在游戏中得到了文化积累。相比传统的被动教育方式，这是很大的优越之处。因此，如果传统的教育要变革，那么这就是一个几乎已经清晰的未来：教育行业将借助现代科技手段与游戏元素融合。或许很快，游戏就是未来的学习。

9.5.3 Hello 编程：用 AR 打破游戏与教育的边界

2016 年，上海葡萄牙纬度科技有限公司（以下简称葡萄科技）推出了 AR 技术的教育性智能玩具。葡萄科技的宗旨是创造儿童科技成长方式，科技陪伴成长。葡萄科技将先进的 AR 技术用于儿童教育，增加了儿童的学习乐趣，同时让孩子的目光不再聚焦于屏幕。

AR，即 Augmented Reality，是一种增强现实技术。通过计算摄像机的位置和角度，并加之相应的图像、视频、3D 模型，把屏幕上的虚拟画面投影到现实中。葡萄科技利用 AR 技术研发了《Hello 编程》《哈尼海洋》《麦斯丝》《涂涂世界》4 个智能玩具。

虽然时下儿童编程课程十分火爆，但是《Hello 编程》这款游戏并不是让孩子去进行真正的程序编写，而是利用编程的理念来锻炼孩子的逻辑思维能力。在游戏中会有不同的关卡，孩子需要完成相应的任务才能顺利通关。在游戏中融入 AR 的主要目的是让孩子的手、脑相结合，在接触新奇事物的时候孩子会展现出充分的好奇心，主动以玩的心态去开启探索的旅程，在玩的过程中不断学习，在学习中进行创造能力的培养。

《Hello 编程》的使用过程充分结合了教育原理，设计得十分严密。首先，《Hello 编程》会用 AR 技术做一个现实投影，这就产生了一个 3D 的立体模型，孩子在完成任务的时候需要把这个模型进行一次坐标转换，这个过程可以增加孩子的空间感。转换好坐标以后，孩子需要通过一些指令来完成任务，除了基本的前后左右外，《Hello 编程》中还引入循环、嵌套等概念，让孩子把重复性的步骤进行循环。在游戏中孩子会不断地运用判断、推理等方式来完成任务，这样能有效增强孩子的逻辑思维能力。

除此之外，《Hello 编程》还提供了地图编辑器功能，借助地图编辑器，孩子可以自己进行地图编辑，然后还可以把生成的地图分享给别的小朋友进行挑战。地图编辑是一个充满自由选择的过程，孩子可以充分体验到独立创造的乐趣，并且他们还可以借此得到更加深刻的逻辑思维锻炼。

因为相比一张预先设置好了的通用地图，个人自由创造的地图会有更加无限的可能性，这将出现多重判断，这也意味着孩子要不断地对可能存在的路径、方法进行一一尝试，因而具有更大的挑战性和更多的乐趣。《Hello 编程》通过提供这样的思维和操作体验，结合投影技术等带来的即时反馈，让孩子真正在游戏中成长。

从《Hello 编程》上可以发现，当使用游戏化的手段呈现教育活动时，将扭转传统教育呆板严肃的被动处境，充分调动人们学习的热情。运用高科技手段对教育产品进行游戏化改造，已经成为未来教育行业发展的新趋势，它更加贴合人的心理需求，前景广阔。

9.6 互联网行业

营销说到底还是一种宣传，是一种文化说服。互联网时代资讯泛滥，各种新鲜事物百花齐放，让人目不暇接。因此，选择一种独特有效的说服方式就显得很有必要。毫无疑问，游戏元素是最有说服力的元素。

9.6.1 营销策略：利用引导、激励手段消除无聊

互联网时代，营销方式也变得多种多样。不同于传统营销媒介所指向的目标事物，互联网作为一种新的营销领域，它的广度基本不会受到时间、地点、规模等因素的限制，但这并不意味着它就无所不能，它也是有一定的制约因素的。营销说到底还是一种宣传，是一种文化说服，在真正付诸实施的过程中，难免在内容上存在千篇一律的现象，这就又回到过去那种狂轰滥炸式的无聊广告。怎样避免这种问题发生，是值得认真思考的。

我们不妨先看互联网思维，它具有的特点是：突破了时间和空间限制，受众面积广，传播速度快，轻娱乐，而且已经有很大的游戏化趋势。很多人可以在互联网世界里获得在别处难以获得的乐趣。这些特点里面，只有轻娱乐和游戏化是直接与人相联系的，其他的都与人无关。而营销，总是在与人打交道。因此我们可以发现，在互联网这个领域，要想获得好的营销效果，就必须从轻娱乐和游戏化两方面着手。

好的营销必须让接受营销的人心里满意，尽量减少他们对营销内容的排斥。我们真正要做的就是让人们在快乐的氛围中满足自身需要。这就要求我们做到两点，一是营造快乐的氛围，二是满足客户需要。是否满足客户需要，几乎全由一个产品本身的特性决定，它主要涉及产品生产，这里不谈。这里重点看如何营造快乐氛围。

一个人一般什么时候会觉得快乐？当思考这个问题的时候，我们或许才吃惊地发现，有一个答案叫“吃喝玩”。吃喝玩的时候会觉得快乐，所以大家常说“吃喝玩乐”。对于一个营销，它不可能总是与吃喝相关，但是它可以和“玩”相关。我们可以把一个营销尽可能做得好玩，这样受众在接触它以后总是能得到一定的乐趣，大家都欢迎它，它可能就成了一个好的营销。通常来看，把一个营销变得“好玩”，其实是不需要什么成本的，但是在策划时需要多动脑子。一定要把产品特点和受众心理结合起来做设计，思考如何用一种有趣的方式把产品信息呈现给受众群体。

就像设计游戏一样，设计营销需要首先建立一个吸引点，先把受众的注意力给吸引过来，至少让他知道这里有风景可以多看一眼。用一个具有“诱惑性”的

目标让受众愿意进来，然后当受众深入后，还要能够让他得到情感上的满足。这就需要深入洞察目标受众的心理需求，细腻把握人性本质。

在互联网营销的世界里，消费者的需求日益多元化，而营销中心正是这些消费者内心的需求。当面对一个营销时，我们需要用游戏化的思维重新审视这些需要，拒绝无聊的病毒式营销，转而思考如何把营销方式变得富有心理享受性，让营销活动至少可以满足受众的部分情感需要。

无论我认不认可你的产品，但是我认可你的营销，所以，我对你的“名字”有好感。

9.6.2　百度地图：设置“领赏金”活动，解决出行报错痛点

随着移动互联网的发展，三大巨头公司在生活领域内的产品竞争异常激烈。在出行方面，每一家公司都想在地图 APP 这一块独占鳌头。2015 年，百度旗下的百度地图所占市场份额最大，一度被 70%的用户使用，但是它也面临着阿里和腾讯两大竞争对手的威胁，后两者分别支持着高德地图和腾讯地图，此外还有别的地图类产品参与竞争。随着用户对于出行需求层次的要求不断提升，对于一个地图类软件而言，快速精准的定位某地标位置并显示出贴合实际的出行路线，显得越来越重要。

针对用户的这个需求痛点，百度地图迅速启动了一个“出行无忧行动”，内容是：当用户发现实际要去的地点和路线只要有某处和地图显示的不符合，就可以对该内容进行报错。凡是报错审核通过的用户，即可在 48 小时之内获得一笔报错补偿金。

虽然有奖励金但是奖励数额并不高，而这个活动本身又是消耗用户私人精力的一件事，怎样让他们主动响应活动呢？于是百度地图精心策划了一个活动，宣传这件事。它设计出一个“来百度地图报错领赏金”的 H5 页面，以《射雕英雄传》里的著名情节“郭靖赴救襄阳城”为主题，引导用户通过对南山破庙路标报错的方式，帮助郭靖完成救援，如图 9-4 所示。这个创意极具游戏性，它首先使用了金庸小说中一个大家都熟悉的故事片段吸引用户关注，然后巧妙地把“报错”活动植入到故事的情境中，使用户产生参与的兴趣。如果用户选择不报错，则会

导致救援失败，襄阳城破；而选择报错的话，则会使救援成功，给用户带来一种自己是正义侠客的感觉。

图 9-4　百度地图报错活动页面

通过这个简单有趣的游戏推广活动，百度地图“地标纠错者”的形象获得迅速传播，用户的活跃性被广泛调动起来。由此，地图里很多错误地标得到了及时的反馈修正，地图的细节准确度大幅提升，而用户对百度地图也有了新的品牌感知。

在互联网领域，不同品牌间的竞争越来越激烈，商业市场的每个据点都寸土必争。如何设计好营销环节，使之具有吸引受众的魅力，就显得尤为关键。从百度地图的案例可以看到，这个精心布置的“报错”小游戏，充分利用了游戏化的思想，以“好玩性”抓住了用户的兴趣点。通过活动，有效地调动了用户的参与热情，这不仅可以增加地图品牌的活力，还对百度地图本身的质量提升做出了巨大贡献。由用户主动发起的报错行为帮助产品部门精准扫描了地图中的相关错误数据，节约了大量修改成本。而且，经过这次曝光之后，百度地图又能以一个对产品、用户高度负责的形象出现，实在深得人心。

9.7　医疗 / 健康行业

对普通人来说，医疗界的问题从来都是令人头疼的问题。它意味着人的肉体和精神都要迎来一场考验。如何使考验的接受者更加平和，如何用比较系统的办法减轻他们的情感包袱，让他们得到正确的治疗，是医疗行业需要克服的难点。游戏化思维为解决这类问题提供了一个可能的希望。

9.7.1　营销策略：将快乐与游戏融入健康应用

如今游戏已经成为生活中一个重要的组成部分，PC、智能手机、平板电脑等设备逐渐成为人们日常使用的主要游戏工具，而这类工具的联网功能又让处理大量信息成为可能。这就使得玩游戏不再仅仅是一种简单的娱乐手段，它还可以与网络信息结合起来，通过处理相关信息做出对人们更有意义的事情。

这里要介绍的是游戏与医疗行业的结合。近几年来，医疗领域呈现出“游戏化”的趋势。过去，医疗界给人的印象一般都是比较沉重、枯燥的，游戏化无疑是一个令人兴奋的方向。如果能把医疗做得和游戏一样有趣，那大家就再也不用怕去医院了。事实上，游戏化已经被应用在很多医疗保健项目上了。比如一些医院里使用的 APP 上，尤其是涉及医学知识普及的部分，很多都具有游戏化的影子。

将游戏融入医疗保健类的应用，可以实现对患者的激励，让患者更好地接受正确的治疗方式，保证治疗的效果不打折扣。医疗人员也可以更容易地收集到比较准确的医护数据，方便对患者的各项行为活动进行监测，并制定更为个性化的治疗方案。医生和相应的患者群体之间，还可以通过游戏实现互动，这有利于开展一系列针对特定疾病人群的研究（优于传统的研究方式）。患者与患者之间也可以进行充分的信息交流，甚至进行健康恢复比赛以相互激励。医疗工作者可以更加方便地接待自己的专属病人群体，为他们提供更集中有效的跟踪诊疗服务。

游戏的加入可以让沉闷的医疗活动散发出活力，用快乐的参与感取代传统治疗过程中的乏味感。人们可以方便地通过智能手机或其他设备玩特制的医疗游戏，获取相关康复技巧。比如，身体骨折的病人可以通过模拟游戏去了解人体骨骼的结构，并获知康复训练的具体操作步骤，如果模拟操作正确就会得到好的反馈，以此掌握正确的康复技巧；可以开发一个按时吃药的游戏，保证每个人准时按量地正确服药。事实上，已经有一些“游戏化”医疗保健应用甚至为老年人、运动神经障碍患者等特殊群体专门设计了特定的训练程序，借用多种传感器来对病人实施精细化的动作引导和结果反馈。

在游戏化的医疗保健应用里，可以用进度条等方式显示治疗环节的完成度，直观地激发患者的完成意识。当自己完成得不错，还可以让他们分享自己的经验心得，甚至对别的病友进行鼓励和答疑。这能充分激发患者的治疗成就感和继续治疗的信心，对其康复心理会产生有利的正面影响。这类应用里还可以引入一些金币、等级、奖章，甚至有了足够的虚拟积分就可以兑换一定的现实奖品，这无疑可以增强使用者的配合治疗动机。

游戏化作为一种有效的激励手段，如今已经渗透入各行各业，使得行业生产效率大大提升。医疗行业作为与人类生活密切联系的特殊行业，也必然会迎来一场浩荡的游戏化变革。就目前而言，这种变革处于刚开始的摸索阶段，还没有哪个超级企业在医疗领域的游戏化方面占据主导地位。从这个角度来看，医疗行业里面蕴含着巨大的新商业机会，它必将释放出夺目的光彩。

9.7.2 众生药业：利用“降火侠”与ChinaJoy结情缘

在第十三届中国国际数码互动娱乐展览会（ChinaJoy）上聚集了数百家参展的互联网企业，现场的参展人数达到了 40 万。在众人观看各类展示产品时，忽然一名身穿黄色紧身衣、披着绿色斗篷、戴着绿色面罩的模特闪亮登场，为参展现场的相关人员和观众们送上了清凉礼品，这瞬间吸引了大家的注意，并引来许多人的拍照、互动、留影。

原来，众生药业新推出了一款“众生丸”产品，为了推广这款新产品，众生药业借展会到来之际，专门联合了一批游戏厂商推出了“降火侠送礼品活动”，在当时高温、高密度的环境下，“降火”也变得顺理成章。“降火侠”在会展上向工作人员和玩家送上“众生丸”，引来了无数人的围观合影。而 ChinaJoy 除了有线下展会，同时还进行了线上直播。据统计，大约有 60 万人观看了“降火侠”分发“众生丸”的现场直播。

一时间，“降火侠”成为网上关注的热点，多家游戏媒体在现场采访了活动负责人，并对众生药业在游戏展上推广品牌表现出极大的兴趣。通过“降火侠”向所有与会人员派送礼物，一直以来具有沉稳形象的众生药业，瞬间火起来了。

众生药业的这次另类亮相，在医药企业营销史上应该是前所未有的。仔细分析一下，这次营销部署可以说是细心缜密，具体概括如下。

1. 借助庞大的游戏展会

ChinaJoy 是中国最大的游戏展会之一，该展会本身具有海量的用户关注群体，比如光是现场参会人数就达到了数十万，网络关注量更是达到千万，这种高度密集的曝光环境是千载难逢的。展会的举办时间正好又是炎热的夏季，众生药业携手游戏厂商共同策划出一个“降火侠”的形象来送礼品，恰到好处地切入了游戏展本身的文化和季节特点，它在解决夏季展会需要“降火”这一问题的同时，也为游戏展增加了一道亮丽的风景。

2. “降火侠”形象与众生丸的绿色包装相吻合

“降火侠”这个形象设计为一个美丽清新的女性，深切吻合了很多男性游戏玩家的审美需要，容易受到他们广泛追捧，这种破天荒的事件本身就具备极高的传播价值，因而也会形成极佳的口碑传播效果。

3. 营销策略新颖

制药企业在 ChinaJoy 上进行游戏化营销，众生药业是第一例。对此，众生药业的互联网业务负责人肖凌飞说：“互联网已经成了一种常用营销工具，而 ChinaJoy 是互联网行业最重头的顶级展会之一，如何巧妙利用并完成药企与潜在消费者的沟通，是包括药企在内的传统行业新的重要命题。”

通过 ChinaJoy，众生药业获得了最大程度的品牌曝光，在酷暑里分发“众生丸”这样的营销方式既显得别出心裁又符合大众需要，同时暗合了众生药业“以优质产品关爱生命，以优质产品健康大众”的企业宗旨。

在当今网络媒体盛行的时代，对于整个医药行业，新媒体工具在营销方面的放大作用都急速增强，许多医药企业不断加大相应的营销投入，并且创造出各种各样的营销花样。这次众生药业设计的“降火侠”营销方案，带有很浓厚的游戏色彩，可以说是医药领域内营销思路的一次大胆创新。相信随着时间的推移，这个领域内会有更多的类似创新登场。

图书在版编目（CIP）数据

游戏化营销 ：用游戏化思维做营销 / 胡华成著. —北京：电子工业出版社，2019.4
（数字化生活. 新趋势）
ISBN 978-7-121-36143-2

Ⅰ. ①游… Ⅱ. ①胡… Ⅲ. ①网络营销 Ⅳ. ①F713.365.2

中国版本图书馆 CIP 数据核字（2019）第 046201 号

责任编辑：周 林
特约编辑：徐学锋
印 刷：三河市双峰印刷装订有限公司
装 订：三河市双峰印刷装订有限公司
出版发行：电子工业出版社
北京市海淀区万寿路 173 信箱 邮编：100036
开 本：720×1 000 1/16 印张：14.25 字数：228 千字
版 次：2019 年 4 月第 1 版
印 次：2019 年 4 月第 1 次印刷
定 价：58.00 元

凡所购买电子工业出版社图书有缺损问题，请向购买书店调换。若书店售缺，请与本社发行部联系，联系及邮购电话：（010）88254888，88258888。

质量投诉请发邮件至 zlts@phei.com.cn，盗版侵权举报请发邮件至 dbqq@phei.com.cn。

本书咨询联系方式：25305573（QQ）。